合作出版｜牛津艾印出版社
臺灣師大出版社

AI
輕鬆讀

作者：田智婷　侯偉富　薛秀琳
主編：朱啟華　林育慈
美編：魏冕　司徒曉晴

策劃
國立臺灣師範大學 學習資訊專業學院
國立臺灣師範大學 學習科學跨國頂尖研究中心
香港大學 教育學院

編輯群介紹

田智婷 Chih-Ting, Tien（作者）
tien2_22@yahoo.com.tw

田智婷，國立臺灣師範大學資訊工程研究所碩士，現任新北市立蘆洲國民中學專任教師、新北市國中科技輔導團兼任團員、新北蘆洲科技與自造教育中心課程編撰教師。

侯偉富 Wei-Fu, Hou（作者）
apa_mis@hotmail.com

侯偉富，國立臺灣師範大學圖書資訊學研究所碩士，現任新北市五股國民中學資訊組長、新北市九大分區資訊中心學校代表，曾任新北市五股國民中學教務主任、教育部國中科技輔導團兼任輔導團員、新北市國中科技輔導團兼任輔導團員。

薛秀琳 Hsiu-Lin, Hsueh（作者）
icehaha@ms.tyc.edu.tw

薛秀琳，國立臺灣師範大學資訊教育研究所碩士，現任桃園市立經國國民中學資訊組長、桃園市科技輔導團兼任輔導團員。曾任教育部國民中小學課程與教學輔導群科技領域委員。

朱啟華 Sam Chu（主編）
samchu@hku.hk

朱啟華博士是香港大學教育學院的副教授，曾是資訊及科技教育部主任（2013-2016）。他獲得了兩個教育博士學位：一個是倫敦大學學院的電子學習博士，另一個是香港大學的資訊和圖書館科學博士，他是遊戲化學習專家及兒童文學作家。

林育慈 Yu-Tzu, Lin（主編）
linyt@ntnu.edu.tw

林育慈，國立臺灣大學資訊工程研究所博士，現任國立臺灣師範大學資訊教育研究所教授、教育部國民及學前教育署科技領域中央輔導群常務委員。

司徒曉晴 Jane，Szeto（美編）
jane114sfy@gmail.com

司徒曉晴，自由職業插畫師，熱愛兒童文學與藝術創作，目前正修讀香港教育大學幼兒教育學士課程。

魏冕 Mia，Wei（美編）
miamia@warblers.mobi

魏冕是繪本和廣告創意插畫師、青年設計師、獨立導演；同時也是非物質文化遺產"烙畫"傳承人。畢業於中國人民大學文學院漢語言文學專業，目前是北京倉庚文化主理人。

目錄

閱讀前說明

　　本書各章節內容皆與108課綱科技領域學習內容對應，呈現如下表，供參考。

　　本書內容尚有不足，敬請各位先進予以指導。

章	節	對應課綱學習內容參考
第1章 人工智慧 初探	第1節 關於人工智慧的那些事	資 H-IV-6 資訊科技對人類生活之影響
		資 H-IV-7 常見資訊產業的特性與種類
		資 H-V-3 資訊科技對人與社會的影響與衝擊
	第2節 人工智慧的演進	資 S-IV-1 系統平台重要發展與演進
		資 S-IV-4 網路服務的概念與介紹
		資 S-V-2 系統平台之未來發展趨勢
	第3節 人工智慧的道德議題	資 H-IV-1 個人資料保護
		資 H-IV-3 資訊安全
		資 H-IV-4 媒體與資訊科技相關社會議題
		資 H-IV-5 資訊倫理與法律
		資 H-V-1 資訊科技的合理使用原則
		資 H-V-2 個人資料的保護
		資 H-V-3 資訊科技對人與社會的影響與衝擊
	第4節 當代人工智慧的發展	資 H-IV-6 資訊科技對人類生活之影響
		資 S-V-2 系統平台之未來發展趨勢
		資 D-V-1 巨量資料的概念
		資 D-V-2 資料探勘與機器學習的基本概念
		資 H-V-3 資訊科技對人與社會的影響與衝擊
第2章 人工智慧 的運作原理	第1節 傳統人工智慧	資 A-IV-1 演算法基本概念
		資 D-IV-3 資料處理概念與方法
		資 A-V-1 重要資料結構的概念與應用
	第2節 機器學習	資 A-IV-1 演算法基本概念
		資 T-IV-1 資料處理應用專題
		資 A-V-1 重要資料結構的概念與應用
		資 A-V-2 重要演算法的概念與應用
		資 D-V-2 資料探勘與機器學習的基本概念
	第3節 類神經網路與深度學習	資 A-IV-1 演算法基本概念
		資 D-IV-1 資料數位化之原理與方法
		資 D-IV-3 資料處理概念與方法
		資 A-V-1 重要資料結構的概念與應用
		資 A-V-2 重要演算法的概念與應用
		資 D-V-2 資料探勘與機器學習的基本概念

章	節	對應課綱學習內容參考
第3章 人工智慧 的應用	第1節 藝術人文創作 —AI人臉秀	資 H-IV-2 資訊科技合理使用原則
		資 T-IV-2 資訊科技應用專題
		資 P-V-1 文字式程式設計概念與實作
		資 H-V-1 資訊科技的合理使用原則
	第2節 生活中的機器學習 —蘋果分類	資 P-IV-2 結構化程式設計
		資 T-IV-2 資訊科技應用專題
		資 D-V-2 資料探勘與機器學習的基本概念
	第3節 生活中的機器學習 —紀念T-shirt	資 P-IV-2 結構化程式設計
		資 P-IV-5 模組化程式設計與問題解決實作
		資 T-IV-2 資訊科技應用專題
		資 P-V-1 文字式程式設計概念與實作
		資 P-V-3 重要演算法的程式設計實作
		資 D-V-2 資料探勘與機器學習的基本概念
	第4節 AIoT專題實作 —智慧溫控妙管家	資 P-IV-2 結構化程式設計
		資 S-IV-4 網路服務的概念與介紹
		資 T-IV-2 資訊科技應用專題
		資 P-V-1 文字式程式設計概念與實作
	第5節 AIoT專題實作 —當Siri遇上物聯網	資 P-IV-2 結構化程式設計
		資 S-IV-4 網路服務的概念與介紹
		資 T-IV-2 資訊科技應用專題

本書使用說明

知識大補帖

本文知識的延伸學習

學習活動

針對閱讀完內容後對概念作統整性的學習

第三章動動腦

專題延伸的思考議題或進階應用

第三章問題解析

引導學員思考問題解決的步驟拆解，觸發觀念，導入運算思維概念

第1章 人工智慧初探

　　工業革命帶動整個世界的科技發展，第一次工業革命（18 世紀到 19 世紀）以機器取代人力和獸力，帶領人類進入機器時代；第二次工業革命（19 世紀末到 20 世紀初）出現了石油、化學、電氣等新興工業，電氣設備取代了蒸汽機器，正式進入電氣時代；第三次工業革命（20 世紀中期）隨著電腦的出現與積體電路的發展應用，帶動工業的機械化與自動化改革，電子、電腦、生物工程等多項技術獲得突破性成長，帶領人類進入自動化時代；第四次工業革命隨著物理發展、數位電子和生物工程等技術的融合，創造了更多可能性，以資訊科技為例，物聯網、5G 網路、大數據、類神經網路等技術發展成熟，人工智慧（Artificial Intelligence，簡稱 AI）廣泛運用於各行各業，迎來了機器智慧化時代，「人機協作」的工業 5.0 正悄悄崛起。

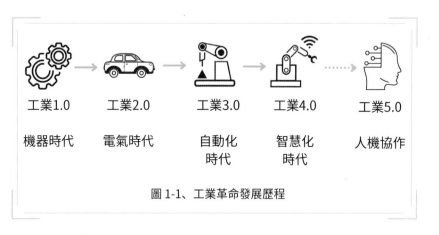

| 工業1.0 | 工業2.0 | 工業3.0 | 工業4.0 | 工業5.0 |
| 機器時代 | 電氣時代 | 自動化時代 | 智慧化時代 | 人機協作 |

圖 1-1、工業革命發展歷程

　　人工智慧已經融入我們的生活，想一想人工智慧應用在哪些地方，一起來找找看吧！

第1節　關於人工智慧的那些事

　　人工智慧的概念早在19世紀就被提出，隨著電腦計算能力的提升、儲存容量的擴增、網際網路的普及、演算法的改良、行動通訊技術和大數據的應用、及物聯網的發展等，人工智慧已與我們的日常生活建立了密不可分的連結。

　　現在，讓我們一起來體驗有趣的人工智慧！

【學習活動】Google 限時塗鴉Quick, Draw!

步驟一、 請你以瀏覽器開啟「限時塗鴉」首頁（https://quickdraw.withgoogle.com/），點擊開始塗鴉! 按鈕，進入遊戲。

步驟二、 每次遊戲由系統隨機產生6道繪圖題目，當繪圖題目出現時，使用者可點擊我知道了! 按鈕開始繪圖，並在20秒內畫出相對應圖形，使系統能夠正確辨識。

步驟三、 在塗鴉的過程中，系統會利用AI技術自動判斷圖形並預測答案，若答案與題目相同，或超過限制時間，遊戲就會自動進入到下一題。

我知道了，這是曲奇!

步驟四、 遊戲結束時，畫面會呈現使用者的6個塗鴉內容與系統辨識的答案。

步驟五、 點擊任一道題目的塗鴉內容，查看系統猜測的可能答案，透過比較使用者畫作（灰色線條）和系統答案（黑色線條），可觀察圖形特徵的差異。

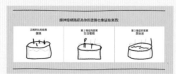

步驟六、 延續步驟五，網頁畫面下方有多人繪製相同題目的塗鴉內容。到其他人對同一道題目的塗鴉。

步驟七、 在同一道題目之下，多數人畫出的圖案似乎有「跡」可循，例如「手」，大部分的塗鴉作品都會有五根手指頭的特徵（而非只有一兩根手指頭）。

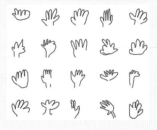

　　請你想一想，如果是你來畫「蝴蝶」，你會畫出哪些關於蝴蝶的特徵呢？思考後，可以點進去Quick, Draw! 資料庫 (https://quickdraw.withgoogle.com/data/butterfly)看看其他人的畫法喔！

　　限時塗鴉是Google應用人工智慧技術－類神經網路所開發的線上塗鴉系統。使用者畫圖，電腦系統嘗試猜你所繪製的東西，雖然一開始可能無法完全猜對，但人工智慧的優勢就是「使用者玩得越多，系統學得更多，正確率也越精準」。目前Quick Draw已經有超過5000萬筆的資料，這些龐大的資料集可以提供系統不斷地學習與改良，大數據的應用幫助人工智慧更加「厲害」！

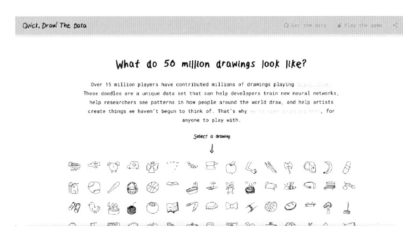

圖1-2、限時塗鴉擁有超過5000 萬筆的資料集

（Google Quick, Draw!）

　　透過限時塗鴉小遊戲，可以體驗到人工智慧可以正確辨識人類的繪畫創作，接著讓我們來探討除了塗鴉之外，在生活之中還有哪些人工智慧的應用！

人工智慧的居家應用

　　智慧家庭是人工智慧的居家生活應用，包含行動裝置、智慧穿戴、智慧家電、智慧居家系統和語音助理等，可以滿足家庭多元的需求，提高生活品質及其便利性，以下簡介幾種常見的人工智慧居家應用。

圖 1-3、人工智慧在居家應用的示意圖

行動裝置

　　行動裝置已是現代生活的必需品，除了傳統電話聯繫外，搜尋引擎、社群網站、網路購物、休閒娛樂等，各式各樣功能中都運用了人工智慧的技術在裡面呢！例如：社群網站的顯示排序（Facebook）、網路購物的廣告推播（momo購物網）、搜尋引擎的搜尋技術（Google）、植物相機的辨識技術（形色）、新冠疫情社交距離的判斷（臺灣社交距離）等，這些應用軟體可以更符合人類需求，主要源自於他們所使用的演算法，演算法就是人工智慧的精髓，而行動裝置則是各種人工智慧應用的顯示介面。

智慧穿戴

　　隨著晶片體積越做越小，功能越做越多，智慧穿戴產品應運而生，舉凡智慧手錶、智慧眼鏡、智慧衣服到智慧鞋子，皆屬智慧穿戴產品。舉例來說，智慧手錶能夠監測心率、睡眠、血氧與活動量，搭配手機App，提供健康方面的建議；而智慧眼鏡是未來的趨勢，能以更自然的方式存在，透過口說，其內建系統就能理解我們的需求，並幫我們找尋資料做出相對應的回應。除了智慧手錶和智慧眼鏡外，體育相關產業也努力研發智慧衣和智慧鞋，透過衣服和鞋子蒐集職業運動員的身體數據，協助運動員獲取更好的比賽成績。

智慧家電

　　結合家中所有智慧家電並搭配行動裝置，便可塑造一個智慧居家系統。當你剛回到家，物聯網裝置感應到你與環境情況，自動打開家中的電燈、窗簾、冷氣、和空氣清淨機等設備，同時也可透過行動裝置遠端操控，針對個別家電執行其相關功能。人工智慧賦予這些家電「大腦」，使其能正確地辨識、發現異常、預測未來，自動化完成不同的任務，提供更舒適、安全、方便和高效的居家生活，大幅改善人類的生活品質。

智慧居家系統

　　結合家中所有智慧家電並搭配行動裝置，便可塑造一個智慧居家系統。當你剛回到家時，物聯網裝置感應到你與環境情況，自動打開場景內的電燈、窗簾、冷氣、和空氣清淨機等，智慧居家系統可透過行動裝置遠端操控智慧居家系統，為人們提供一個舒適、安全、方便和高效的生活環境。

圖 1-4、智慧居家系統示意圖 （rawpixel.com, 2021）

語音助理

　　常見的智慧居家系統可通過語音助理（Virtual Assistant）來實踐物聯網裝置的控制，這些語音助理就像真人助理一樣，幫助使用者在網路上搜尋資訊或回答簡單問題，例如：天氣、交通狀況、新聞、股市行情、個人行程或零售價格等。常見的語音助理包括 Siri（Apple）、Google個人助理（Google）、Alexa（Amazon）、小愛同學（小米），它們通常安裝在智慧手機或智慧音箱中，作為我們的

個人助理或成爲智慧居家系統的中樞，幫助我們完成不同的任務、解決不同的問題。以下有個學習活動，讓我們透過活動問題，一起認識語音助理。

圖1-5、Siri
（Apple語音助理）

圖1-6、Google Assistant
（Google語音助理）

【學習活動】語音助理

　　請利用語音助理完成以下任務。以蘋果系統的Siri爲例，我們會說「嘿 Siri」，並提出問題或請求；以安卓系統的Google助理爲例，我們會說「OK Google」，並提出問題或請求。

請你試著說出下列句子，觀察語音助理的回覆結果。

1. 設定三分鐘的計時器。
2. 請問玉山有多高？
3. 請找出附近有什麼餐廳。
4. 請找出由學校出發乘車前往台北101所需的時間。
5. 請問今天的天氣情況？
6. （請播放一首音樂）請問這首歌的名稱是什麼？

　　從以上活動經驗，語音助理透過回應各種指令和問題，幫助使用者完成所需工作。語音助理利用自然語言處理（Natural Language Processing，簡稱NLP）和語音辨識（Automatic Speech Recognition，簡稱ASR）技術，辨識使用者的文字或語音輸入，找出相對應的可執行指令，並根據使用者輸入的內容和位置感測，完成任務或提供服務。例如：在使用者回家前啟動冷氣、從最愛的餐廳訂餐或公車到站提醒等。語音助理除了可迅速回應語音指令，讓生活更快捷方便，同時也能輔助無法使用鍵盤的人士（書寫困難、肢體障礙或其他

原因）操作各種科技產品。這些語音助理都需要經過機器學習，才能從大數據中歸納分析得出理想的結果，隨著人們的生活使用更多智慧物聯網服務，語音助理就可以更輕鬆地完成各種新工作。

圖1-7、使用語音助理示意圖 （maslakhatul, 2020）

【學習活動】語音助理
參考答案

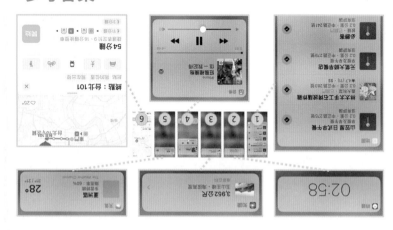

人工智慧的城市應用

　　人工智慧在城市管理中扮演極重要的角色，經由各種來源資料的搜集及學習，可解決城市發展中遇到的問題，其中包含自動駕駛車、智慧支付、智慧交通號誌、智慧燈桿等，人工智慧技術可實現即時操作管理、客戶資料分析、預測性維護和網路建置，進一步促進城市規劃和經濟發展，以下簡介幾種常見的人工智慧城市應用。

圖1-8、人工智慧的城市管理示意圖

自動駕駛車

　　汽車駕駛系統導入人工智慧技術後，可以減少因錯誤行為而發生的交通事故，例如：開車時分心和超速。目前開發自動駕駛的功能日臻完善，包含停車輔助功能和自主性駕駛等。自動駕駛須結合各個感應器，例如：攝影機、雷達、超音波等，透過距離和電位的相對速度偵測障礙物，再經由人工智慧進行分析調整加速度以避免任何碰撞。自動駕駛車不只是遵循交通規則，更致力於協調不同感測器，以確保用路人的安全。

　　若把自動駕駛技術運用在公共運輸中，可大幅減低駕駛成本和車禍事故，並能增加班次以符合更多的搭乘需求。各國地鐵和捷運大都

採用自動駕駛，但地鐵和捷運都在相對封閉的軌道環境中行駛，要達成這樣高效率的公共運輸，需要前期投資較多建置成本，若在人數較少的地方運行，恐將不敷成本。反觀公車可以行駛的道路型態更為多樣化，且路線較為彈性，但須有真人駕駛，就會產生相對應的人力成本和人為失誤。近期自動駕駛車的技術已逐漸成熟，轉而進入自動駕駛公車來做推廣。台灣已經有多個縣市在試營運自動駕駛公車，目前成效良好。公車在公共運輸中屬於低建置成本的交通工具，且能符合更多樣化的居住地形與路線調整，未來將有更多自動駕駛公車在路上行駛，也許宮崎駿動畫片中出現的龍貓巴士，也可能在不久後出現於你我眼前呢！

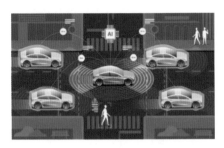

圖1-9、自動駕駛車示意圖

圖1-10、新北市自動駕駛公車
（CARLINK 2020）

智慧支付

　　智慧支付是落實智慧城市的關鍵點，在智慧城市中，商業、交通等有關金錢的活動都有支付行為，若能使用智慧支付取代傳統現金支付，則能大幅降低交易成本和加快支付流程，此外，藉由智慧支付所蒐集的大數據，能經由人工智慧學習與分析，進而改善服務的效率與品質，達到智慧城市的目標。

　　以無人商店為例，智慧支付的交易數據亦可以讓店家作客製化廣告，提高營業額。目前台灣小額的智慧支付已越來越成熟，例如：Line pay、悠遊付、台灣行動支付等。廣受消費者接受，當消費者逐漸信任數位交易後，智慧城市便能再邁向下一個階段。

圖1-11、台灣常用的智慧支付

智慧交通號誌

　　傳統的交通號誌是按照固定時段搭配燈號時間，例如：上下班尖峰時間時，紅綠燈秒數較長，而離峰時間紅綠燈秒數回歸正常。雖然尖峰和離峰時間的設定不同，已經優於單一時間設定，但若交通流量有變化時（例如：國定假日的上下班時間相當於離峰車流、假日風景區相當於尖峰車流、大型活動舉辦的周遭相當於尖峰車流等），傳統的交通號誌無法自動彈性調整，而融合了人工智慧技術的智慧交通號誌，可以因應突發狀況，自動調整紅綠燈秒數，目前在台北市部分壅塞路段試行，舒緩塞車車流，成效良好。

　　除了壅塞路段以外，在人車較少經過的巷道，傳統「按表操課」的交通號誌，經常讓駕駛人空等，而結合AI影像的智慧交通號誌，在巷口沒有人車時，號誌會變成閃燈（幹道保持綠燈），降低駕駛人空等紅綠燈的時間。

　　另外交通號誌也保障行人安全，若行人穿越馬路走到一半時，行人號誌閃爍，表示快轉為紅燈，此時行人須加快速度，但長者或行動緩慢者就「進退兩難」。面對此問題，智慧交通號誌透過AI影像技術，當偵測到行人尚未通過，將自動延長綠燈秒數，確保行人安全，維持交通順暢。

圖1-12、自動調整時間的智慧號誌

智慧路燈

　　路燈是城市中最常見的基礎建設，大街小巷隨處可見。路燈使用傳統的燈泡相對耗電，更換成LED燈後，可以大幅度的省電。除了節省能源之外，搭配物聯網技術，路燈可整合成智慧路燈系統，提供多元化服務，例如：利用光感應器，可以根據環境光線自動調整路燈亮度；放置網路基地台，可加速資料傳輸，分析路口車流影像資料；使

用攝影機，可監控車流與事故，並即時通知警方和消防局。普及率高的智慧路燈，結合網路通訊和物聯網技術，能有效改善城市中的治安、交通與環境問題。

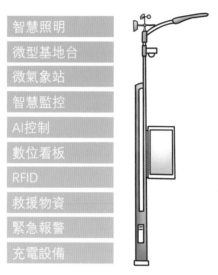

圖1-13、智慧路燈放置多種IoT設備，提供多元服務

人工智慧的醫療服務

　　人工智慧和大數據也廣泛運用在醫療項目上，透過大量醫學資料收集與數據統計，再利用演算法訓練機器學習，建立模擬人類智慧的處理系統，包含人工智慧醫療影像診斷、手術機器人等。

醫療影像診斷

　　傳統的醫療診斷，醫師需要花較多時間判讀醫療影像，以確保診斷結果的正確性。2020年台北榮總、台大、北醫大等團隊開發「DeepMets」腦移轉瘤AI輔助診斷系統，結合人工智慧和健保署影像資料庫，可以精準找出病灶的重要資訊。使用此系統可以協助醫師大幅減少診斷時間，提升準確度，同時快速呈現統計數據，能更有效率地協助臨床醫療。在早期輕微病症上，醫療影像的差距極其微小，人類無法輕易診斷出，而透過AI輔助診斷系統則可以預警告知，協助醫師提前做出對應的醫療行為。

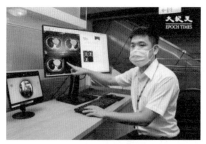

圖1-14、2020年科技部舉辦「醫療影像AI專案」成果發表會
（照片來源：大紀元）

手術機器人

　　傳統的醫療手術需要長時間、高專注的執行，容易因為疲勞而造成手術失誤，使用人工智慧手術機器人，可以讓手術更為順利，降低手術中的風險，提高執行效率。以達文西機器手臂系統（da Vinci Surgical System）為例，執行一般外科手術時，結合人工智慧系統建立3D立體影像，協助醫生做診斷，以機器手臂來精準操刀，比傳統手術所需傷口更小、復原更快，且同時降低術後併發症的可能性。

　　而另一套勵羅莎（ROSA）則是一個協助醫生準確開刀的手術機器人，主要用於腦部和脊椎手術，相較於傳統手術，能將手術誤差控制在0.5mm內，提高手術執行效率。在醫療方面，人工智慧的出現並不是取代醫生，而是與醫生協作，降低失誤、提高手術成功率。

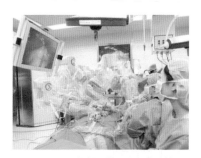

圖1-15、達文西機器手臂系統
（照片來源：自由時報）

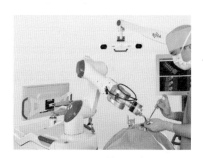

圖1-16、勵羅莎手術機器人
（照片來源：TechNews）

醫療公衛系統

　　2019年底，新型冠狀病毒成為了全球性的流行疾病，它改變了世界各地的生活型態，在新冠疫情開始於各國流行的時候，醫療公衛系統更顯得格外重要，有別於傳統的公衛系統靠人工傳遞資訊、紀錄與

分析，現在則可運用大數據、物聯網、人工智慧、生物醫療等科技技術在防疫措施上，大幅度地提高防疫效率。

以偵測疫情來說，加拿大「藍點」公司（BlueDot）開發出一套系統，可以根據每天網路上數以萬計的新聞，來探測和追蹤世界各地的流行疾病。2016年成功預測茲卡病毒從巴西傳播至美國，2019年底更成功提早發出警訊，警示亞洲有原因不明的肺炎在傳播（即現在的新冠病毒），這套以大數據和人工智慧為主軸而開發出的系統，可以每天24小時不眠不休地為人類監測世界各地的疫情。

結合科技技術的公衛系統除了預測以外，也能輔助政府推動政策或研發防疫相關解決方案，以台灣新冠疫情為例，口罩和快篩地圖是大數據的應用，而結合人工智慧運算，可以讓新冠病毒株基因定序及藥物篩選更有成效，人工智慧的應用已成為醫療公衛系統不可或缺的一環。

圖1-17、藥局口罩採購地圖（照片來源：口罩供需資訊平台）

居家健康監測

除了醫療機構與公共衛生的相關醫療應用外，居家健康監測也是智慧醫療的一環。在台灣，根據108年國民健康署的死因統計分析，跌倒是長者事故傷害死亡原因之一。資料來源表示，長者跌倒常會引起外傷、骨折、頭部創傷等，且由於身體機能老化恢復較慢，易引發其他併發症，嚴重將導致長期臥床，甚至死亡。

美國新創公司Cherry Labs開發出一套「Cherry Home」家庭人工智慧安全系統，可隨時追蹤家中長者的行為，系統將攝影機拍攝的影像數據，經由影像辨識技術轉化為虛擬「骨架」，再透過人工智慧技

術分析人們的動作，一旦發現跌倒這類嚴重事故，系統就會立刻通知家人。

　　除了可以利用攝影機追蹤行為來偵測跌倒外，配戴智慧手錶也能做到跌倒偵測，智慧手錶透過內建的慣性測量單元（Inertial Measurement Unit, IMU）來偵測使用者的運動狀態，再加上人工智慧分析更可辨識特定動作，例如：運動姿勢、跌倒等，當智慧手錶辨識到使用者跌倒，會立即跳出求救警示，即時撥打求救電話，並傳送所在位置，有助於在緊急情況下取得援助。

圖1-18、「Cherry Home」家庭人工智慧安全系統偵測長者跌倒示意圖（照片來源：CNEWS匯流新聞網）

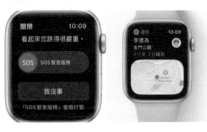

圖1-19、智慧手錶「跌倒偵測」功能，若偵測到使用者跌倒，會自動跳出警示，可以快速撥打求救電話且傳送所在位置。（照片來源：CTWANT）

人工智慧的藝術創作

　　請看看下面這幅畫，有沒有甚麼特別之處？這幅畫在2018年佳士得（世界著名藝術品拍賣行）以35萬美元（新台幣1050萬元）拍賣成交。想想看是什麼讓它有這麼高價格，作者？畫風？還是畫像本人？

圖1-20、《愛德蒙・貝拉米畫像》（照片來源：Live Science）

實際上這幅畫中的人物愛德蒙·貝拉米並非真人，他是虛擬出來的人物，且這幅畫的作者也不是真人，而是人工智慧系統。這系統是由法國藝術團體Obvious所開發，透過15000幅的肖像畫數據進行學習並加以創作，在繪製過程中會持續將新作品與原有的肖像畫資料庫進行比對，以避免仿作原有畫作。Obvious開發的人工智慧系統已經創作超過十幅肖像畫，並掛在世界各地的畫廊中。除了肖像畫，Obvious開發的另一套創作項目，結合史前洞穴藝術與當代街頭藝術，藉由人工智慧將德國塗鴉藝術家Raws的風格結合至洞穴壁畫，創作出新風格的史前動物圖畫。

圖1-21、Obvious使用人工智慧結合史前洞穴壁畫與Raws塗鴉風格，
創作出的新藝術作品。（照片來源：Artnet）

除了畫廊中的藝術作品外，我們生活中的各種繪畫也可以有人工智慧輔助，讓我們試試看下列小活動，嘗試運用人工智慧來為我們生活增加藝術氣息。

【學習活動】Google AutoDraw

在前面的學習活動，我們經由Google限時塗鴉體驗機器如何學習繪畫的概念和影像辨識。現在，請試試Google在藝術創作上的另一個系統，它就像是電腦裡的「小畫家」有了人工智慧，我們只要給他一點點提示，他就會猜到我們想畫什麼，並且給我們創作的修改建議，這對於繪畫並不在行的人簡直就是個救星！

步驟一、請你以瀏覽器開啟「AutoDraw」首頁（https://www.autodraw.com/），點擊 Start Drawing 按鈕，進入遊戲。

AutoDraw

Fast drawing for everyone.

Start Drawing   Fast How-To*

步驟二、點選AutoDraw畫筆在中間畫布創作，請嘗試繪製「小貓」。

介面說明：上圖為繪畫介面，在介面左側有簡單繪圖工具，從上到下依序為AutoDraw畫筆、一般畫筆、文字、填入色彩、形狀、顏色、放大鏡、復原、垃圾桶。

步驟三、當你試著畫出貓的輪廓（如下方左圖），AutoDraw就會自動猜測你想畫的內容，並將猜測到的結果陳列在介面上方供你選擇，你可以點選上面任一圖案來更新自己的手稿（如下圖），你就擁有線條明確、概念清楚的圖案了！

 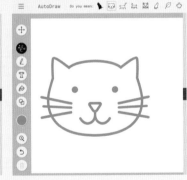

　　AutoDraw透過機器學習幫助藝術創作，當使用者繪製一些線條後，AutoDraw會透過人工智慧分析，辨識出使用者可能要繪製的主題，並產生多個與主題相關的圖形，輔助使用者以簡單線條將主題的概念繪製出來，增加創作的可能性。但Google開發團隊也提到AutoDraw沒有「情感」與「藝術感」，這只是一個創作的輔助工具。

第2節 人工智慧的演進

　　從第一部電腦被設計發明之後，科學家就在思考：如何讓電腦具備人類的智慧、怎樣讓電腦能更聰明的處理工作？於是，人工智慧概念的種子萌芽了，相關的研究技術陸續發表，伴隨著網路的發明、演算法的發展、硬體設備的提升、生物神經學研究的突破及大數據時代的來臨，人工智慧發展對人類社會的影響越來越重大。從交通、教育、醫療到金融等，隨處可見人工智慧的影子。人工智慧的發展有無限可能，那人工智慧的起源和技術從何而來呢？接下來，讓我們從語音助理的影片賞析開始，試著來了解一下人工智慧的發展過程吧！

【學習活動】語音助理

步驟一、請你掃描右方QR Code（https://youtu.be/znNe4pMCsD4）欣賞Google語音助理的相關影片。看完影片後，請問您能夠分辨出對話中的接線員是人工智慧技術或是真人嗎？

步驟二、請你掃描右方QR Code（https://youtu.be/-qCanuYrR0g），欣賞另一段Google發表的影片。看完影片後，請思考一下Google研發的技術如何改變我們的生活、提升工作效率。

影片說明：

　　影片中的主角透過Google Assistant（Google語音助理）預訂了一間餐廳，在這整個預訂餐廳的流程中所運用的正是Google Duplex技術。Google Duplex技術除了協助人們預訂餐廳外，也可以打電話給髮廊，跟店家聯絡並預約髮型設計的時間呢！Google Duplex系統包含了自然語言處理、深度學習、語音轉換文字等人工智慧的相關技術，真的好厲害！

步驟三、請你掃描右方QR Code（https://youtu.be/D5VN56jQMWM），欣賞一段Google Duplex的介紹影片，讓我們對目前生活中的人工智慧技術與應用有更深入的了解！

第1波　人工智慧浪潮（1950-1970）

　　1950年時，英國科學家艾倫・麥席森・圖靈（Alan Mathison Turing）在他的「計算機與智慧（Computing Machinery and Intelligence）」文章中提及「Can machines think?（機器會思考嗎？）」，並提出「圖靈測試（Turing test）」實驗，做為判斷機器是否具有智慧的測試方法。圖靈是位偉大的科學家，對人工智慧的研究有諸多貢獻，電腦協會（Association for Computing Machinery，簡稱ACM）也在1966年設立圖靈獎（此獎項又被稱為「電腦界諾貝爾獎」），以紀念這位現代電腦科學及人工智慧之父。

圖靈測試

　　將測試者（代號C）與被測試者（代號A的機器和代號B的人）隔開，透過通訊裝置由測試者C向A和B進行隨意的提問，再根據A和B的回答分辨何者是機器人。

　　進行多次測試後，如果有超過30%的測試者C不能分辨出A是機器或是人，則這台機器A就通過了圖靈測試，代表機器A具有人工智慧。補充說明：在圖靈測試過程中，A必須盡可能地模仿B的思考模式來回應問題，甚至可試圖讓測試者C做出錯誤的判斷（以為A是人類）；而主角B的遊戲目標則是盡可能地提供正確答案，幫助測試者C猜出正確答案（B是人類）。

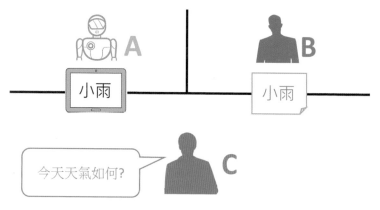

圖1-22、圖靈測試示意圖

知識大補帖

　　圖靈在1912年的英國倫敦出生，從很小的時候就展現他的數理天賦，在美國普林斯頓大學就讀時，僅花了兩年時間就取得博士學位。圖靈被稱為「人工智慧之父」，他提出的理論影響了當時的電腦科學發展，也帶給數學、生物等研究不少啟發性思考。他在1939年接受英國皇家海軍招聘，帶領圖靈小組成功破解德國的密碼系統Enigma，「解密」貢獻對二次大戰起了關鍵性作用，成功扭轉二次大戰戰局。

　　圖靈在職業生涯高峰時，因同性戀身分遭到迫害，享年僅41歲，但他留下的創作（例如：圖靈機）及偉大的貢獻，對電腦科

學的發展影響甚為深遠。2013年英國女王伊莉莎白二世對因同性戀被定罪的圖靈追授特赦，2017年艾倫.圖靈法案生效，約4萬9千名被定罪的同性戀和雙性戀者獲得赦免。

關於於圖靈的生平事蹟，可以欣賞2014年電影「模仿遊戲（The Imitation Game）」（模仿遊戲奧斯卡版預告影片https://youtu.be/JiOeOnFD9bA），或是閱讀時報出版社的「艾倫.圖靈傳」，會讓你對這位電腦科學家有更深入的認識喔！

【學習活動】圖靈測試體驗

可以與好朋友一同進行圖靈測試體驗，每次遊戲時3個人一組，分別扮演機器（A）、真人（B）、提問者（C），使用適當的工具（例如：行動載具、紙本、黑板）進行問答交流。

步驟一、	提問者（C）	進行任意的問題提問，讓A和B進行回答。
步驟二、	機器（A）	將問題輸入手機或平板中，由語音助理回答，手機或平板畫面呈現答案。（可使用蘋果Siri或Google語音助理）
步驟三、	真人（B）	將回答內容寫在紙上。
步驟四、	重複步驟一到步驟三，由提問者（C）提出5~10則問題。並由A和B輪流回答。	
步驟五、	提問者（C）	試著比較看看A和B回答出來的差異，是答案很接近呢？還是差異很大？說說看對於兩者回答所給予的感受差異。

　　這個遊戲能夠體驗「人工」智慧與「真人」智慧的差異，若你身為提問者（C），對於人工智慧電腦的「機心叵測」，你能不能辨識出機器（A）與真人（B）在遣詞用字有何不同呢？

　　圖靈拋出了人工智慧的概念，許多學者陸續的投入研究，而人工智慧（Artificial Intelligence）一詞是在1956年達特茅斯夏季人工智慧研究計畫（Dartmouth Summer Research Projecton Artificial Intelligence）中被正式提出，也開啟了人工智慧的第一波浪潮。達特茅斯會議的發起人之一馬文・明斯基（Marvin Minsky）在1951年設計出第一部能自我學習的人工神經網路機器SNARC（Stochastic Neural Analog Reinforcement Calculator），亦奠定了運用數學模型來模擬生物神經元運作的理論基礎，對後來的深度學習理論影響很深。雖然在此時期人工智慧的學術研究有初步成果，也產生了「專家系統」的雛型，但礙於電腦的軟硬體限制，在1970年後，政府也減少甚至停止對人工智慧研究的資金挹注，人工智慧的研究逐漸沉寂下來，第一次人工智慧的寒冬到來。

第2波　人工智慧浪潮（1980-1990）

　　1970年後伴隨著半導體和通訊技術的發展，電腦進入了超大型積體電路（Very-Large-Scale Integration，簡稱VLSI）時期，第四代電腦的誕生，電腦的運算速度增快、儲存容量增加，以知識為規則、以推理為方法的「專家系統（Expert System）」在人工智慧寒冬中默默的發展著，推動了第2次的人工智慧浪潮。

　　專家系統是讓電腦模擬人類解決某些特定問題，在發展過程中由人類提供知識經驗，轉換成電腦可理解的程式邏輯，透過知識推理解決特定問題。專家系統應用包括商業、醫療、教育等範圍，對人類生活影響甚深。舉例來說，在1976年，史丹福大學的愛德華・肖特利夫

（Edward Shortliffe）研發MYCIN醫療系統，使用約600條知識規則，並透過一連串的「是/否」及文字問題做推理，是一套針對細菌感染診斷及抗生素治療的推薦系統；它的診斷準確率是69%，而當時專科醫生的診斷準確率是80%，引起了當時人們對專家系統的興趣。值得注意的是MYCIN專家系統從來沒有臨床實驗過，但卻引起了科學家對人工智慧的興趣，從80年代到90年代正是專家系統的發展黃金期。時至今日，專家系統的發展更為成熟了！蘋果的Siri語音助理就是目前生活中常見的專家系統，透過網路知識庫的連結，Siri可以回答天氣問題、陪你聊天，甚至還可以跟你玩成語接龍呢！

知識大補帖

美國哲學家約翰·羅傑斯·塞爾（John Rogers Searle）在1980年的「行為與腦科學」中發表「心靈、大腦和程式（Minds, Brains, and Programs）」論文中提出「中文房間實驗」，反駁圖靈測試所提出的人工智慧論點，他認為電腦若不具備理解能力，便不能稱之為具有智慧。維基百科提到中文房間實驗遊戲如下：

將一個只會說英語的人關在一間封閉房間內，並給他一本以英文寫成的指導手冊。當他接收到外面提供的中文訊息時，能夠利用指導手冊進行相對應的中文訊息回應。房外的人不斷向房間內傳遞用中文寫成的問題，並且讓房內的人可以按照手冊的說明，將合適的中文字元組合後做為問題的解答並對外進行回覆。

仔細想想，約翰·羅傑斯所提出的「中文房間實驗」理論，其運作方式就是專家系統的概念！實驗當中，這本英文指導手冊就是專家系統中的知識經驗法則，而房間內的人接收到問題後，根據目前所擁有的知識經驗進行判斷推理，產生的訊息回覆就是在解決問題。

【學習活動】成語接龍

步驟一、請你掃描下頁的QR Code，欣賞Siri玩成語接龍的影片。
（https://www.youtube.com/watch?v=CyiKIS6NQVg）

步驟二、請按照下列步驟進行手機設定：【設定】 【Siri與搜尋】 【語言】 【中文（國語－中國大陸）】。

設定 ▶ Siri與搜尋 ▶ 語言 ▶ 中文（國語－中國大陸）

步驟三、試著跟Siri專家系統玩成語接龍吧！

　　透過學習活動，有沒有感受到專家系統的魅力呢？簡單來說，人工智慧技術下所探討的專家系統，由人類提供知識（知識取得），透過撰寫電腦程式（知識表示）與判斷（知識推理），可以解決特定的問題。但是要讓專家系統變得很厲害，可以正確的解決問題，就必須提供大量的知識資料，才能讓電腦成為特定問題的「全方位」解決專家。然而此時期雖有網路可運用，但尚不發達，無法大量取得知識資料，專家系統遇到了研究瓶頸，第2次人工智慧發展的腳步因此停滯不前。

　　當時的人們雖然感受到人工智慧技術難有重大突破，但是科學家仍然執著於各種人工智慧技術的研究，如：機器學習理論與技術的研究持續被發展，等待著網路、硬體、演算法等因素的到位，蓄勢待發！

第3波　人工智慧浪潮（1990-迄今）

　　前面所提的專家系統是使用已知的知識資料庫推理得到決策，這僅能解決特定的問題，與人類思考學習、舉一反三的判斷能力仍有落差，科學家希望研發出更強大的人工智慧機器，使電腦能具有自我學習的能力，更符合人的智慧展現。其中以模擬人類大腦神經元運作方式的「類神經網路」概念被廣為討論，開啟了人工智慧的新思維，進而影響機器學習、深度學習等人工智慧技術發展，第3波人工智慧浪潮席捲而來。

　　機器學習是第3波人工智慧的代表技術之一，而深度學習則是機器學習的分支。在1980年代，科學家除了使用傳統的邏輯推理方式，也開始透過統計學、機率學等理論，進行人工智慧技術的研究。此時的深度學習可大致分為「前向傳播」和「反向傳播」兩個步驟；當電腦程式在輸入資料後，能經由多層類神經網路的數學模型運作，學會人工智慧的技能（辨識、分類、判斷等），是「前向傳播」的運作內容，而透過錯誤修正，達到數學模型優化，進而有更準確的預測判斷，則是「反向傳播」要做的工作。多層類神經網路的概念引領機器學習進入了深度學度的萌芽時期，但「反向傳播」仍有優化問題需要解決，此時機器學習理論的其他數學模型概念也蓬勃發展中，例如：支撐向量機（Support Vector Machines，簡稱SVM）、隱藏式馬可夫模型（Hidden Markov Model，簡稱HMM）等。機器學習理論在此時呈現百家爭鳴的局面，充滿希望。

　　讓多層類神經網路再次被熱烈討論的關鍵人物是多倫多大學的傑佛瑞·辛頓（Geoffrey Hintion）教授，因為他從1980年代以來對多層神經網路研究的努力與堅持，在2006年終於成功解決了反向傳播的

優化問題，並將解決優化問題的深度神經網路技術重新命名為「深度學習」。深度學習能夠讓電腦自行學習特徵，有別於先前由專家提供特徵給電腦學習，對人工智慧技術的發展往前推動了一大步，2016年3月AlphoGo圍棋系統以4：1戰勝韓國棋士李世乭，也讓人工智慧聲名大噪，在網路上掀起一波關於人工智慧「深度學習」技術的熱烈討論呢！

從2010年到現在，電腦運算速度的增加、大數據的應用、雲端時代的來臨，加快了人工智慧的技術發展，在生活各領域被應用得更為廣泛，從點餐推薦系統、口罩辨識系統，再到AI投資理財機器人的出現，AI應用豐富也便利了我們的生活！

綜合以上所述，人工智慧發展的歷程簡單呈現如下圖，希望讓你對人工智慧的演進過程能有更清楚的認識。

人工智慧發展簡史

第一波 1950-1970	第二波 1980-1990	第三波 1990-迄今	
符號邏輯	專家系統	機器學習	
		傳統機器學習	深度學習
專家寫下 決策邏輯	專家定義規則	電腦定義規則 專家定義特徵	電腦定義規則 電腦定義特徵

圖1-23、人工智慧發展簡史

最後讓我們來操作關於人工智慧的App，從活動中體驗人工智慧的概念。

【學習活動】Socratic by Google

Socratic是一套AI行動學習程式，Google為其建置並訓練演算法，可讓使用者口頭發問或拍下問題照片上傳，Socratic就會協助收集網路相關學習資源，提供相關的概念解釋、影片資源等資料，幫助使用者更有效率的自我學習。（iThome 2019）

Socratic已編列超過1000個學習主題，包括數學、科學、文學、歷史等，是學生自學的好幫手。

步驟一、請你使用載具下載「Scoratic by Google」app並開啟它。問題發問可採用輸入問題關鍵字、拍照上傳問題、或語音發問問題等方式。

Socratic by Google
Google LLC

打開

步驟二、請輸入你有興趣的學習主題關鍵字詢問問題，此處以「圓周率」舉例，發問方式如下方左圖，而Socratic app呈現「圓周率」學習資訊，如下方右圖所示。

步驟三、請以拍照方式上傳照片,向Socratic app詢問問題,此處以「大學指考化學考科試題」為例(如下圖),將要查找的考題拍照,並調整照片中的方框區域,將重點侷限在要詢問的考題內容上,讓Socratic app辨識問題內容,呈現參考資訊。

大學指考考題網址:https://www.ceec.edu.tw/xmfile?xsmsid=0J052427633128416650

第 1 頁
共 7 頁

109年指考
化學考科

第壹部分:選擇題(占 80 分)

一、單選題(占 48 分)

拍照後僅匡選
要詢問的問題內容

說明:第1題至第16題,每題有5個選項,其中只有一個是正確或最適當的選項,請畫記在答案卡之「選擇題答案區」。各題答對者,得3分;答錯、未作答或畫記多於一個選項者,該題以零分計算。

1. 下列哪一個化合物於適當條件下會與過錳酸鉀溶液反應使其褪色,並且也會與斐林試液反應產生紅色沉澱?
(A) 1-丙醇　　(B) 2-丙醇　　(C)丙酮　　(D)丙醛　　(E)丁酮

2. 下列有關化學反應的敘述,哪一項正確?
(A)反應物粒子只要有足夠的能量,反應就會發生

拍照後選取要詢問的問題內容

上傳手機畫面後選取要詢問的問題內容

Socratic app辨識問題內容

學習資訊

拍照或圖片上傳　➤　辨識問題　➤　呈現學習資訊

步驟四、請以語音詢問你有興趣的問題,此處以「世界上最長的河是哪一條」為例(如下頁圖),讓Socratic app呈現學習資訊。

語音輸入　▶　辨識問題　▶　呈現學習資訊

步驟五、想一想，Socratic app可以如何輔助你學習，成為你學習之路的小幫手呢?

　　各式各樣的人工智慧app，帶給我們生活便利，也增添趣味。舉例來說，教育類人工智慧app，幫助學習者提升學習效率;交通型人工智慧app，輔助道路使用者降低交通事故;醫療類人工智慧app，提醒大眾注意身心健康;娛樂型人工智慧app，增添使用者的生活趣味。從各種人工智慧app的研發與釋出，可以知悉人工智慧技術的成熟，未來，人工智慧將陪伴我們繼續向前行!

第3節 人工智慧的道德議題

　　人工智慧發展至今，技術不斷地突破，促進許多創新應用，例如：人臉辨識、物件識別、Google翻譯、語音助理、自動駕駛、及聊天機器人等，人類生活也變得更加便利。但每種技術都伴隨著風險，當我們需要人工智慧學習更多知識以幫助我們的同時，我們需要給予它大量的資料，而這些資料收集和隱私是我們必須要面對的議題；另一方面，我們要如何確保人工智慧系統所做出的判斷是適宜的，尤其當這系統會影響生命安全的時候。接下來就讓我們一起來想想看，在人工智慧帶給我們方便的同時，我們在道德議題上又該如何的取捨與改變。

【學習活動】精準行銷的廣告

　　當我們使用社群網站、線上購物或影音平台時，會出現系統推播的建議廣告或訊息，以YouTube為例，推薦給使用者的推播影片不盡相同且都與個人特質相關（如下圖），例如：電動愛好者，出現的影片幾乎都是電競直播影片；運動愛好者，出現的影片則大都為運動賽事影片。這些是怎麼做到的呢？讓我們來看看Google是怎麼推播相關影片給使用者選擇的。

　　請根據 Google 廣告說明的指示（https://support.google.com/ads/answer/2662856?hl=zh-Hant&co=GENIE.Platform%3DAndroid），找到自己Google帳戶內的廣告個人化選項，並打開個人化廣告運作機制。

控制系統向您顯示的廣告

您可以讓系統顯示更實用的廣告或個人化廣告。您會在以下位置看到 Google 廣告:

- Google 服務,例如 Google 搜尋或 YouTube。
- 與 Google 合作刊登廣告的網站和應用程式。

編輯您的資訊或興趣

1. 前往您的 Google 帳戶 ☑ 。
2. 選取導覽面板中的 [資料和隱私權]。
3. 捲動至「您的活動記錄和您造訪過的地點」。
4. 在「廣告設定」底下,選取 [廣告個人化]。

步驟一、
前往你的 Google 帳戶。

這個帳戶是由 **apps.ntpc.edu.tw** 所管理。 瞭解詳情

@apps.ntpc.edu.tw

管理你的 Google 帳戶

步驟二、
按一下左側導覽面板上的[資料和隱私權]。

Google 帳戶   Q 在 Googl

- ⊙ 首頁
- ▣ 個人資訊
- ⊙ 資料和隱私權
- 🔒 安全性
- ◯ 使用者和分享內容
- ▭ 付款和訂閱
- ⓘ 關於

步驟三、
按一下「廣告個人化」面板上的 [廣告設定]。

廣告設定

您可以選擇是否要讓系統根據個人興趣、品牌偏好等資訊放送個人化廣告

廣告個人化   >
✔ 已開啟

G 我們致力保護您的隱私,絕對不會將 Google 雲端硬碟、Gmail 和 Google 相簿中的內容用於任何廣告用途。

步驟四、

啟用 [廣告個人化]（如果尚未啟用的話）。

步驟五、

在「個人化廣告運作機制」下方，選取你的個人資訊或興趣。可以管理你的活動或停用此項資訊。

動動腦

1. 觀察看看自己被Google註記的標籤有哪些?

    _____

    _____

    _____

2. 這些標籤是否與你個人特質相符?

    _____

    _____

    _____

3. 試想，Google是如何得知這些資訊的呢?

    _____

    _____

    _____

　　我們在Youtube上會看到不同推播影片，在購物平台上會馬上出現推薦商品，甚至在不同平台上都能看到相關產品的廣告，這些都是系統利用我們數位足跡的大數據，分析出使用者的年齡、性別、學歷、婚姻狀況、家庭收入、關注的議題、電影和音樂偏好等，Google似乎比你的好朋友更了解你呢！

　　在人工智慧時代，除了科技的突破和生活便利性的提高外，個人隱私（個資與隱私權）和社會互動（法律與人性）兩個議題也將隨之而來，我們又該如何面對與因應呢？

人工智慧與個人隱私

　　在台灣，部分超商的廣告推播螢幕上有安裝攝影機鏡頭，並搭配人臉辨識系統，如影片所述（https://www.youtube.com/watch?v=iddIHNnrkhM），從消費者踏進超商開始，所有的消費行為、商品喜好都悄悄地被收集中，透過分析拍攝的影片，建立客戶資料以作為行銷策略的依據。這項技術也廣泛運用在捷運、公車站等公共運輸的螢幕上，協助商家精準投放廣告，掌握人潮來賺取錢潮。

　　人工智慧的各種應用正改變著我們生活，每個人的數據與數位足跡也正在大規模且快速地被產生和收集。若沒有經適當的處理和儲存，個人資料和使用數據可能被泄露，不法之徒可透過分析這些數據，揭露你的私人及親密生活，有些公司甚至會將你的個人資料轉移或售賣給第三方機構。因此，我們在使用不同人工智慧應用時，需要細心留意該應用所收集的資料類型、收集原因和用途，及確認該應用能保障你的隱私。

　　在台灣，個人資料及隱私均受到法律（個人資料法）保障。蒐集個人資料之特定目的必須於蒐集當事人之個人資料時即說明清楚，且在使用個人資料時，亦必須限制於蒐集目的範圍內及未逾越蒐集目的之情形。

　　大數據促進了人工智慧的發展，為我們的生活帶來便利，但也對我們的隱私構成風險。我們需要在開發人工智慧應用和保障個人隱私之間取得平衡，並以「尊重、互惠和公平」為核心價值。

【學習活動】Google服務的隱私權

請參考Google 服務的隱私權政策摘錄（右圖）及觀看Google 隱私權政策影片（https://youtu.be/YlmVKT3Zvhw），然後回答下列問題。

我們會收集您使用 Google 服務時進行的活動相關資訊，以便向您推薦您可能會喜歡的 YouTube 影片或提供類似功能。我們收集的活動資訊可能包括：

* 您搜尋的字詞
* 您觀看的影片
* 內容和廣告的瀏覽次數與互動次數
* 語音和音訊資訊
* 交易活動
* 您交流或分享內容的對象
* 在採用 Google 服務的第三方網站和應用程式中的活動
* 您同步到 Google 帳戶的 Chrome 瀏覽紀錄

(Google, 2020)

1. 試舉出三項涉及AI 應用的Google 服務，例如使用Google Search、Google Home 及Youtube時會收集使用者什麼類型的個人資料。

_____

_____

2. 請參考Google 服務的隱私權政策網站（https://policies.google.com/privacy?hl=zh-TW），請簡述Google 收集資料的原因及用途。

_____

_____

人工智慧與社會互動

　　科技進步讓人類生活更加便捷，但也同時帶來許多社會互動的改變。以人際交流為例，過去我們與親友聯繫，是靠手寫信件或是電話連絡，當網際網路和智慧手機普及的時候，電子信件與Line等通訊軟體漸漸取而代之，可以遠距離快速傳遞文字、圖像、影像等各類資訊，視訊電話也變得稀鬆平常。在這樣的改變之下，人與人的距離看似拉近了，但如何在冷冰冰的機器上傳遞出讓人感覺溫暖的訊息，是我們要突破的地方。

　　另一方面，網路的普及也讓網路購物變得更為方便，從生活用品、日常衣物、新鮮蔬果到餐點外送，都能透過手機App輕鬆解決。但隨網路購物興起，也衍生出購物詐騙的問題，不肖人士透過購物平台系統的漏洞，竊取個人資料，以電話、郵件等各式方式傳遞詐騙訊息，讓使用者損失金錢。

　　在學生的學習上，也有大幅度的改變，過往學生習得知識只能從熟識的師長與紙本書取得，要獲取更多的知識就需要到圖書館查詢，而如今科技的進步，只需要使用簡單的關鍵字，透過搜尋引擎便能輕鬆取得全世界的資料，資料的取得已經變得容易，但資料篩選就變得更為重要，如何在巨量的資料中篩選出正確且適合使用者身心靈的資訊就變成一大課題。

　　除了人際交流、網路購物和學習方式有所改變之外，交通運輸也受惠於科技的發展。以前等待公車和火車需要對照時刻表，提早到車站等待，但道路上總有各種交通狀況，等待時間會有很大的誤差，現在有了GPS定位輔助系統，可以隨時掌控公車到來的時間與火車誤點的時間；另一方面，在個人交通工具上，Uber這類車輛租賃系統也應運而生，透過手機App和GPS系統，可隨時看到車輛位置與剩餘時間，這些科技讓乘客的時間掌握更為方便。目前交通工具正逐漸朝著自動駕駛的目標研發，而這些交通工具沒有真人駕駛卻能靠著程式帶著人們安全抵達目的地。這看似遙不可及的未來幻想正逐步走向現實，以下就自動駕駛車技術來深入探討人工智慧與社會互動的關係。

自駕車現在的技術

　　Waymo在2018年推出宣傳影片（https://www.youtube.com/watch?v=B8R148hFxPw）說明自動駕駛車的原理，自動駕駛車上有多個感測器，系統能夠接收感測器所讀入的資訊，並以人工智慧技術學習道路上多個物體代表的意義，接著加以預判這些物體未來行進的方向與速度，最後針對車輛或行人的行為，改變自動駕駛車的行進方向與速度。

　　而特斯拉在2019年發表一個完全自動駕駛的影片（https://www.youtube.com/watch?v=tlThdr3O5Qo），實證目前車款可以在美國鄉間道路上執行完全的自動駕駛。駕駛只需在上車時設定好地點，就可雙手放開，悠哉「坐車」到目的地，車子會根據所設定的目標和道路狀況選擇路線、車道和速度等。駕駛坐在駕駛座上，可以自在地喝咖啡、看書和聊天，這種駕駛經驗真的很棒！

　　亞馬遜更在2020年推出了無人駕駛的計程車Zoox（https://www.youtube.com/watch?v=GsSzRMdrZjg），可以手機App叫車，並直接由手機App輸入目的地，無人駕駛車收到叫車需求後會自動出發接送乘客，並驅車載往目的地，全程車內都沒有駕駛，座位設計也有別以往，前排沒有駕駛座與方向盤等需要駕駛的設計，乘客座位採雙排面對面坐，這樣的座位分配對於群體聊天談論公事更為方便。

　　自駕車技術層次一再突破，未來道路上都是自駕車的景象已不遠矣，但除了技術突破外，要能實際普及化其實還有很多社會議題要探討。以下提供一些真實案例來做分析與探討。

真實道路上的非技術性問題

　　根據民國108年至109年雙北市的調查，假車禍案件就有116件，且多為慣犯所致，如新聞影片（https://www.youtube.com/watch?v=M5QM697pzXE）。也就是說即使是真人開車，都有這麼多很難避免的假車禍真詐財事件，若此時路上行駛的為無人駕駛車，那如何避免這樣的情況便是一大議題。

　　扣除惡意假車禍事件，現今道路上常有「馬路三寶」的存在，「馬路三寶」泛指沒有明確違規卻危害到用路人生命安全的駕駛。這

類「馬路三寶」新聞總是頻傳（https://www.youtube.com/watch?v=6e15DjyPt1k&t=5s），如果遇到生死攸關的狀況，無人駕駛車該如何決定行駛策略，已經是討論多年的問題！

【學習活動】 自動駕駛車小遊戲

讓我們化身成自動駕駛車的製造商，一同來參與這個自動駕駛車的小遊戲吧！

你是OOO上市車商，推出一款新型自動駕駛車量產，其技術突破獲各界好評，接單量屢屢上升，股票行情已來到新高點（每股600元）。

第一批量產車輛今日交貨，實際於道路上行駛，以應對各式各樣的路況，股票行情將根據自動駕駛車系統的運作狀況而有所漲跌，請完成下列情境題，看看股票行情是否仍保持高點或再創新高。

每個情境題會有多種可能性，假設你就是這台自動駕駛車的人工智慧系統，因此請你依照你的想法來判斷自動駕駛車該如何行進。根據不同的行進選擇，會有不同的報酬與損失，這些報酬與損失都將化為股票行情來呈現，現在來試看看吧！

情境一、小狗闖入道路

你開在一個單向三線車道的道路上，一路暢通無車，但前方突然有一隻小狗衝入車道，此時煞車已來不及停下，請問你該如何決定車輛行進方向？

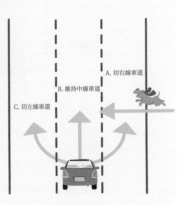

A.切右線車道
B.維持中線車道
C.切左線車道

小狗闖入道路的選擇結果與對應股價關係

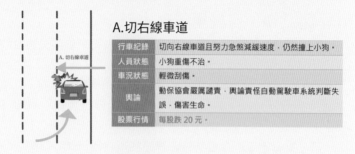

A.切右線車道

行車紀錄	切向右線車道且努力急煞減緩速度，仍然撞上小狗。
人員狀態	小狗重傷不治。
車況狀態	輕微刮傷。
輿論	動保協會嚴厲譴責，輿論責怪自動駕駛車系統判斷失誤，傷害生命。
股票行情	每股跌 20 元。

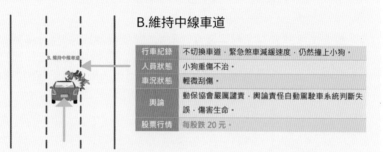

B.維持中線車道

行車紀錄	不切換車道，緊急煞車減緩速度，仍然撞上小狗。
人員狀態	小狗重傷不治。
車況狀態	輕微刮傷。
輿論	動保協會嚴厲譴責，輿論責怪自動駕駛車系統判斷失誤，傷害生命。
股票行情	每股跌 20 元。

C.切左線車道。

行車紀錄	切向左線車道，閃過路上亂竄小狗，人車皆平安無事。
人員狀態	人平安無事。
車況狀態	車沒事。
輿論	媒體大幅度報導，表示面對突發狀況自動駕駛車系統仍能有條不紊的選擇最佳方案，比起人類開車會有精神不濟等狀況實在好太多，自動駕駛是未來交通的福音啊！
股票行情	每股漲 20 元。

情境二、小孩在道路上奔跑

你開在一個單向三線車道的道路上，一路暢通無車，前方車道突然出現一個小孩，後方的媽媽正在努力追趕，他們快要衝入車道內，此時煞車已來不及停下，請問你該如何決定車輛行進方向？

A.切右線車道
B.維持中線車道
C.切左線車道

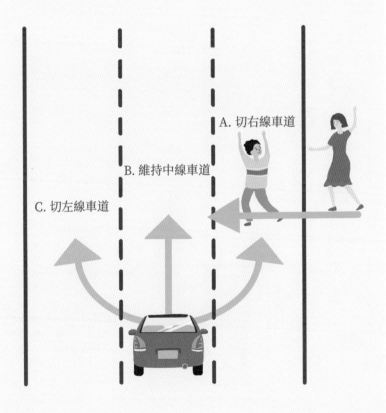

小孩在道路上奔跑的選擇結果與對應股價關係

A.切右線車道

行車紀錄	切向右線車道且努力緊急煞車減緩速度，仍然撞上這對母子。
人員狀態	媽媽為保護小孩因而重傷不治。
車況狀態	輕微刮傷。
輿論	婦幼團體嚴厲譴責，輿論責怪自動駕駛車系統判斷失誤，傷害生命。
股票行情	每股跌 40 元。

B.維持中線車道

行車紀錄	不切換車道，緊急煞車減緩速度。
人員狀態	小孩被母親追上幸運躲過這場車禍，沒有發生任何傷亡，只有虛驚一場。
車況狀態	車沒事。
輿論	雖然這場意外有驚無險，仍引起輿論討論，社會普遍擔心自動駕駛車對於突發狀況的緊急應變措施不足。
股票行情	每股跌 20 元。

C.切左線車道。

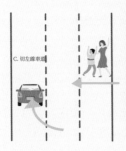

行車紀錄	切向左線車道，閃過亂跑的小孩與其追趕的母親。
人員狀態	人平安無事。
車況狀態	車沒事。
輿論	媒體大幅度報導，表示面對突發狀況自動駕駛車系統仍能有條不紊的選擇最佳方案，比起人類開車會有精神不濟等狀況實在好太多，自動駕駛是未來交通的福音啊！
股票行情	每股漲 20 元。

情境三、長者穿越馬路

　　你開在一個單向雙線車道的道路上，對向無來車，前方右側有一個閃雙黃燈違停的紅色轎車，在紅色轎車前方有個長者違規穿越馬路，因為紅色轎車擋住視線，長者無法注意到是否有車接近，此時煞車已來不及停下，請問你該如何決定車輛行進方向？

A. 切右線車道
B. 維持中線車道
C. 切左線對向車道

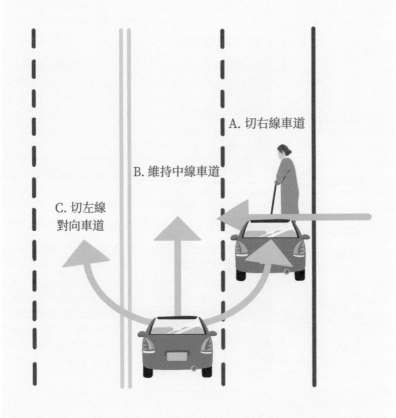

長者穿越馬路的選擇結果與對應股價關係

A.切右線車道

行車紀錄	切向右線車道且努力緊急煞車減緩速度，仍然撞上違停車輛，導致違停車輛向前移動，撞上違規穿越馬路的長者。
人員狀態	造成長者粉碎性骨折，終生無法行走。
車況狀態	違停車輛輕微損壞。
輿論	家庭關懷協會和車禍關懷協會嚴厲譴責，輿論責怪自動駕駛車系統判斷失誤，傷害他人生命與財產。
股票行情	每股跌 60 元。

B.維持中線車道

行車紀錄	不切換車道，緊急煞車減緩速度，仍然撞上違規穿越馬路的長者。
人員狀態	造成長者粉碎性骨折，終生無法行走。
車況狀態	車沒事。
輿論	家庭關懷協會嚴厲譴責，輿論責怪自動駕駛車系統判斷失誤，傷害他人生命。
股票行情	每股跌 40 元。

C.切左線車道。

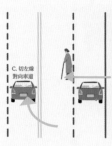

行車紀錄	切向左線對向車道，閃過違規穿越馬路的長者。
人員狀態	人平安無事。
車況狀態	車沒事。
輿論	媒體大幅度報導，表示面對突發狀況自動駕駛車系統仍能有條不紊的選擇最佳方案，雖然違規逆向行駛，但保護了生命財產，比起人類開車會有精神不濟等狀況實在好太多，自動駕駛是未來交通的福音啊！
股票行情	每股漲 20 元。

情境四、巷口機車竄出並穿越馬路

你開在一個單向雙線車道的道路上,對向車道有灰色轎車迎面開來,前方右側有一台閃雙黃燈違停的紅色轎車,紅色轎車前方是沒有交通號誌的巷口,巷口內突然竄出一台機車,以高速行駛欲穿越馬路,因為違停紅色轎車擋住視線,機車騎士無法注意是否有車逼近,此時煞車已來不及停下,請問你該如何決定車輛行進方向?

A.切右線車道
B.維持中線車道
C.切左線對向車道

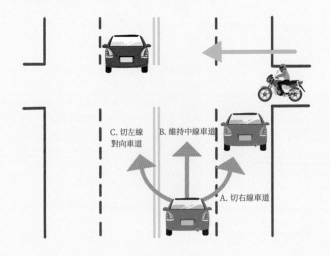

巷口機車竄出並穿越馬路的選擇結果
與對應股價關係

A.切右線車道

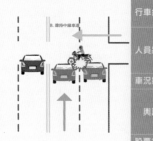

行車紀錄	切向右向車道且緊急煞車減緩速度，仍然撞上違停車輛，導致違停車輛向前移動，撞上高速穿越馬路的機車。
人員狀態	機車騎士與乘客雙雙飛出墜地，因未戴安全帽，騎士與乘客皆顱內嚴重出血，送醫搶救不治。幸好違停車內無人，沒有造成更多傷亡。
車況狀態	違停車輛損壞。
輿論	家庭關懷協會和車禍關懷協會嚴厲譴責，輿論責怪自動駕駛車系統判斷失誤，傷害他人生命與財產。
股票行情	每股跌 60 元。

B.維持中線車道

行車紀錄	不切換車道，緊急煞車減緩速度，仍然撞上高速穿越馬路的機車。
人員狀態	機車騎士與乘客雙雙飛出墜地，因未戴安全帽，騎士與乘客皆顱內嚴重出血，送醫搶救不治。
車況狀態	輕微刮傷
輿論	家屬悲痛欲絕，家庭關懷協會嚴厲譴責，輿論責怪自動駕駛車系統判斷失誤，傷害他人生命。
股票行情	每股跌 40 元。

C.切左線車道。

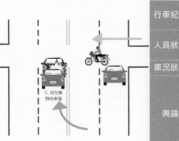

行車紀錄	切向左線對向車道，閃過高速穿越馬路的機車，但撞上對向來車。
人員狀態	對方車輛因撞擊力道過猛嚴重變形，駕駛受困於車內，救出時身受重傷無呼吸心跳。
車況狀態	雙方車子皆嚴重受損。
輿論	媒體大幅度報導，表示面對突發狀況時，自動駕駛系統選擇違規逆向行駛，造成無法挽回的重大遺憾，此乃人工智慧設計的重大失誤，自動駕駛在路上無法保全正常用路人的安全，是嚴重的潛在問題啊！
股票行情	每股跌 40 元。

自動駕駛車小遊戲-股票結算

請依照目前公司的股票行情，看看自己經營的公司是屬於哪一種。

股票行情小於500：面臨危機的公司。多個交通事故的傷亡，造成社會大眾對自動駕駛車系統的不信任，股價屢屢下跌，公司經營遭受嚴重考驗，如何改進自動駕駛車系統是一大課題。

股票行情500~600之間：潛在問題的公司。在多個交通事故中，你和其他用路人必須共同負擔事故責任，但因社會大眾對自動駕駛車系統的觀感不佳，股價下跌，股東不甚滿意，如何挽回社會大眾的信任是一大課題。

股票行情大於600：潛力型公司。多個交通事故都能靠著自動駕駛車系統的決策判斷減少傷亡及生命財產的損失，但面對真實道路上的人為違規狀況仍有改善的空間，如何帶動法律修法，讓大家正視道路多元狀況的責任歸屬，實為刻不容緩的事情。

自動駕駛車小遊戲-省思

經過四個交通情境模擬後，股票行情有賺有賠。這些交通事故也可能發生在你我身邊，例如：不受控的突發狀況（小狗與小孩）、人為違規的狀況（違停、擅闖馬路、高速穿越十字路口），都讓駕駛者難以招架，因此自動駕駛車系統要如何做出精準且無傷亡的交通決策，更是一件極具挑戰的任務。

目前全世界正如火如荼的發展自動駕駛車技術，將交通工具的傷害降至最低、改良自動駕駛車系統以適應各種交通突發狀況是我們持續想解決及探討的課題，同時我們也應從法律的角度切入，思考著如何保障正確用路人的權益。系統精進與法律規範相輔相成，缺一不可。

第4節　當代人工智慧的發展

【學習活動】捐血問題

　　大數據結合人工智慧的應用已落實在各行各業。下面這段影片（https://www.youtube.com/watch?v=GnP9mSiwvmI&feature=emb_logo）讓我們知道如何利用大數據解決捐血的問題。

　　除了上面提到的醫療應用，想一想，在商業、教育、旅遊、遊戲等方面，還有哪些大數據結合AI的應用呢？

_____

_____

_____

　　空氣、食物、水是我們賴以為生，維持成長的基本要件。對人工智慧來說，物聯網、大數據、5G、雲端運算是促進人工智慧開花結果的關鍵因素。

物聯網

　　物聯網（Internet of Things，簡稱IoT）指的是所有的裝置（thing）彼此串連在一起，並能利用網際網路（Internet）相互溝通傳遞訊息，融入我們的工作與生活。譬如我們可以在家裡面安裝冷氣控制器，設定溫溼度感測器傳送反饋訊號的條件，讓冷氣機可以根據環境溫溼度自動調整為最舒適的模式，或者是在回家前冷氣就自動開啟，讓居家生活更為便利，此即為物聯網的概念。

　　人類能夠利用眼睛、嘴巴、耳朵、鼻子接收來自外界環境帶來的

各類訊息，包括視覺、嗅覺、味覺、聽覺等。機器不像人類有與生俱來的感官，但機器可藉由接收物聯網所傳遞的溫度、濕度、聲音、光線等各種資料，自主學習分析，做出更明智和更準確的決策，這就是人工智慧物聯網（Artificial Intelligence of Things，簡稱AIoT）的應用。以語音助理為例（如：Apple的Siri、Google的Assistant），語音助理可以感知我們說的話，回答我們的問題，甚至當冷氣控制器連上無線網路後，我們就能利用語音助理來控制冷氣。

大數據

大數據（Big Data）是眾多不同類型資料的集合，包含5大特點，分別是大量的資料（Volume）、資料的速度（Velocity）、資料的多樣性（Variety）、資料的真實性（Veracity）、及資料的價值（Value），簡單說明如下：

一、大量的資料：現今資料數量龐大，因此會以特殊的方法儲存與處理。

二、資料的速度：資料被產生的速度變快，例如：每分鐘上傳網路相簿的照片數量。

三、資料的多樣性：資料有各種格式和類型，常見的有音樂、影片、照片、關鍵字、按讚、點閱率、打卡等。

四、資料的真實性：資料的正確性和可信度。

五、資料的價值：資料經過分析可取得的價值。

拜資訊科技技術成熟所賜，網路上每天產生的資料超過數千萬筆，大數據是每天都在發生的事情，要將這些大數據轉化成對人類有用的資訊必須仰賴管理與分析大數據的好幫手－電腦。

圖1-24、大數據的5V

大數據與我們的日常生活已密不可分，其關連性可欣賞影片（https://www.youtube.com/watch?v=W4E5aboPuic）。

圖 1-25、大數據與日常生活示意圖

【學習活動】圖書館的大數據

假設我是學校的圖書館員，我想利用人工智慧主動推薦適合學生閱讀的圖書，我可以在圖書館蒐集到哪些資料？請你根據大數據的5V，在題目前空格填入正確的數字。

1.大量的資料 （Volume）

2.資料的多樣性 （Variety）

3.資料的價值 （Value）

4.資料的速度 （Velocity）

5.資料的真實性 （Veracity）

_____ 正確的館藏資料

_____ 圖書基本資料，例如：書名、出版社、作者

_____ 借還書紀錄

_____ 圖書採購的參考

_____ 學生查詢圖書的關鍵字

_____ 借閱圖書的類型，例如：繪本、DVD、雜誌、音樂CD

_____ 個人化的圖書推薦

_____ 學生借閱的頻率

_____ 學生借閱圖書的紀錄

_____ 查詢圖書紀錄

_____ 正確的關鍵字

_____ 圖書的十大分類，例如：總類、哲學類、宗教類等

_____ 完整的借還書紀錄

_____ 學生的年級別

_____ 辦理推動閱讀活動的參考

5G

　　5G是什麼？ 5G是第五代行動通訊技術（5th generation mobile networks，簡稱5G）， 5G的網路速度比4G快上10倍，例如同樣下載一部約兩小時的電影， 4G預估需要6分鐘， 5G僅需3.6秒就能完成任務。4G與5G的比較參考如下：

	4G	5G
速度	0.1-1Gbps	1-10Gbps
功能	1080p影片串流	4K影片串流、VR直播、自駕車、遠距手術
優點	適用低頻傳輸、覆蓋率高、不用大基地電台	使用高頻傳輸，傳輸速率提升
缺點	頻寬小易壅塞	難穿透固體，訊號隨距離快速下降，需建置更多基地台

　　由此可知，5G促使物聯網資料的蒐集與傳送更為便捷快速，大量且多元化資料的聚集速度更甚以往，讓大數據（Big Data）也蒙受其利。

雲端運算（Cloud Computing）

　　無論是物聯網或大數據，目前面臨的最大挑戰是如何儲存大量累積的數據，以及因應後續資料的處理應用。雲端運算（Cloud Computing）的問世正好可以擔此重任。雲端運算是一種建構在網際網路的服務，包含：軟體即服務（Saas）、基礎結構即服務（IaaS）、平台即服務（PaaS）三種服務。

　　以軟體即服務為例，使用者可依需求無償或付費使用廠商提供的電腦軟硬體運算資源，不須經過傳統的軟硬體安裝設定步驟，就可以隨時隨地利用電腦或行動載具存取網際網路上的雲端應用程式與個人資料。例如：電子郵件、網路相簿、網路硬碟、雲端辦公室等。

　　綜合上述所言，5G如同高速公路，用來快速傳送物聯網產生的大數據資料，是大數據與物聯網不斷進步成長的基礎建設，雲端運算是儲存與分析大數據的平台，人工智慧則是將大數據變成黃金的關鍵所在。

人工智慧大躍進

　　人工智慧的發展起於1950年代，科學家從符號邏輯的程式撰寫、專家系統、直到現在的機器學習和深度學習，技術愈臻成熟。從居家生活、醫療輔助、到交通駕駛等應用，人工智慧與我們的生活更加緊密結合，但伴隨而來的是道德爭議問題，當人工智慧在改變人類世界的同時，也衝擊著我們原有的生活價值觀，讓我們有機會審視思考人工智慧生活帶給我們的生活變化。

　　人工智慧是一種趨勢，科學家希望讓電腦或機器人會自主學習與思考推理、判斷，具備跟人類一樣的自我意識、感知、及問題解決的能力。人們對人工智慧的見解不同，在1980年約翰．瑟爾（John Scarle）提出「強人工智慧」、「弱人工智慧」的概念，簡單說明如下：

　　強人工智慧：指的是電腦或機器人能具有與人類相同程度的思考、認知能力，能執行人類所有的工作，又被稱作通用型AI（Artificial General Intelligence, AGI），例如：多拉A夢機器貓、《大英雄天團》的杯麵、《復仇者聯盟4》的幻視、《駭客任務》的母體。

　　弱人工智慧：指的是電腦或機器人能模擬人類思維，解決特定問題，又被稱為限制型AI（Artificial Narrow Intelligence, ANI），例如：會下圍棋的AlphaGo系統、輔助開車的特斯拉自動輔助駕駛系統（Autopilot）。

　　也有人提出「超人工智慧」的概念，認為人工智慧可以比人類更聰明，超越人類大腦的智慧做出更好的決策。人工智慧已是現在進行式，我們正站在「弱人工智慧」的技術基石上，朝向「強人工智慧」之路邁進。李開復先生更在「人工智慧來了」一書中大膽預測「如果就全人類的工作進行一個粗略的估計，我的預測是，大約50%的人類工作，會受到人工智慧的影響」，可以想見的是，人工智慧的快速發展正逐步改變我們生活的世界！

　　現階段的人工智慧結合物聯網、5G、大數據、雲端運算等技術，讓人工智慧的應用發展更為多元。我們希望能引導一般大眾認識什麼是人工智慧，讓你對於人工智慧有初步的認識。我們正在見證人工智慧的發展，透過人工智慧的技術學習，冀望人工智慧往後的發展能帶給我們更美好的未來！

　　最後，要請你思考以下幾個問題：就你的認知，現階段的 AI 技術、方法或問題解決的 模式已經很成功了嗎？ 是不是還有改善之處，

可以怎麼改善呢？或許，你的想法也能透過某 個場合被傳遞出去，成為人工智慧發展的關鍵呢！

【學習活動】 人工智慧在我身上

在蒸汽機發明之前（約兩百多年前），當時主要的交通方式為獸力車，沒有人能想到一台交通工具－火車，竟然可以載運這麼大量的東西；在手機發明之前（約五十年前），當時主要的電話聯繫方式為有線電話，沒有人能想到離開市內電話與人聯繫可以不再需要有線連接；在網際網路普及以前（約三十年前），與國外親友面對面聊天似乎像是天方夜 譚。這一切對現在的我們是多麼理所當然的事情，但在當時社會卻是驚天動地的改變。

與其說科技進步帶動人類生活的改變，不如說科技的發展來自於人類的想像，當我們 發現一個問題，試著去找尋解決方式，面臨各種挑戰並一一克服之後，新科技就這樣誕生了。就像萊特兄弟一樣，他們從小對於鳥的飛行充滿著高度興趣，想像有一天人類也能像 鳥一樣在天空中遨遊，有了這樣的想像，他們嘗試過各式各樣的飛行方式，從風箏類型的滑翔到內燃發動機和螺旋槳，他們面對問題試著找尋各種解決方式，終於在 1901 年第一次成功。這樣突破性的科技發展來自於人類對生活的想像。

人工智慧帶給我們生活的改變，請試著想想看，在十年後的未來，你希望生活中有什 麼問題也能被人工智慧解決呢？先試著定義問題，分析在這個問題中所需要面對的挑戰， 並且寫在自已的數位行事曆（例如：Google 日曆）中，日期訂在十年後的今天，等到十 年後，看看我們人類生活是否會因為你的想像而有所改變。

以萊特兄弟的飛機舉例，當我們分析得越仔細，就越能一一突破技術的限制。

萊特兄弟的飛機舉例：

- 定義問題：想要像鳥一樣的飛行。
- 分析問題：

  1. 重量：鳥的重量與人類重量的差異

  2. 翅膀：翅膀的形狀和材質

  3. 動力：滑翔或其他動力

請寫下自己的舉例：

- 定義問題：

_____

- 分析問題：

_____

_____

_____

_____

第2章 人工智慧的運作原理

　　人工智慧正以快速的步伐，走入我們每個人的生活，舉凡食衣住行處處可見人工智慧的應用，人工智慧是什麼？人工智慧和人類的智慧有什麼異同？在這一章，我們會說明將人類的智慧實踐在機器的做法，首先從傳統的專家系統開始，緊接著是機器學習，最後是目前熱門的深度學習，逐一介紹大家認識機器透過哪些學習方法，讓自己變得像人類一樣具有智慧，協助人類解決某種類型的問題。

圖 2-1、人工智慧的運作原理

第1節 傳統人工智慧

　　自1956年人工智慧一詞問世之後，隨著人工智慧的發展就不曾間斷過，現代人工智慧的技術以模擬神經網路為發展主軸，但早期依據特定知識庫設計規則，以程式模擬人類思考邏輯的傳統人工智慧仍見諸於現今的系統應用，請你先進行學習活動，體驗專家系統的概念是什麼。

【學習活動】專家系統體驗

步驟一、請你掃描下方的QR code進入體驗網站（http://www.20q.net/），並點擊「進入繁體版中文遊戲」按鈕，進入體驗介面，接著依照你的個人意願填寫相關資料，提供網站參考。

步驟二、請你在心中設想一個目標物，這個目標物可以是太陽、西瓜、水杯等。請依據這個目標物，回答網頁顯示的問題。

步驟三、依序回答網站上的問題，讓系統經由與你的問答互動中，猜測你心中所設定的目標物是什麼。過程中，系統根據你所給予的回答，詢問適切的問題。

在作答過程中，若發現之前回饋的答案不適切，也可以再次修正答案。

步驟四、當系統詢問到一定的狀態時，會依據你提供的回答猜測目標物，若猜測錯誤時，會繼續詢問問題，並再次猜測。

步驟五、當系統猜測出目標物時，即完成此一回合的體驗活動。如下圖，目標物是太陽，系統詢問了20道問題後，推論出正確答案。

　　若是系統在猜測一定的題目數量後，仍未猜中目標物，也會結束體驗活動，並將你提供的答案作為系統資料庫的參考。如下方兩張圖所示，目標物是太陽，但系統並未推論出正確答案，則請使用者點選/輸入答案作為系統資料庫的參考。

步驟六、 請試著進行多次的專家系統體驗活動，並記錄這個網站的專家系統大概會進行多少次的提問互動，及猜測命中率為何呢？

次數	目標物	網站（專家系統）	
		網站（專家系統）問問題的次數	猜對了嗎？
範例	太陽	20	Yes
第1次			
第2次			
第3次			
第4次			
第5次			

　　經由網站系統的規則推導，可以得到學習活動的答案。這就是傳統人工智慧的運作，稱之為專家系統，接下來就進一步帶大家來認識專家系統。

專家系統（Expert System）

　　人工智慧的發展到了1980年代，電腦計算能力與記憶容量的提升，開啟了專家系統的研發及應用的高峰。時至今日，專家系統的應用仍屬廣泛，常見的應用範圍包含醫學、法律、化學、軍事、太空、銀行、工業等。在第一章中曾經提到史丹佛大學所開發的MYCIN系統就是專家系統的應用，MYCIN系統憑藉著由醫生的知識所做成的規則，能夠依據初診患者的症狀，推論患者感染某疾病的機率，如此人工智慧就能代替醫生診斷。

　　專家系統的核心是由各領域專家建立的「知識庫」所組成，機器以人工建立的「知識庫」規則，模擬人類專家的技巧與方法，做出決策解決特定問題。當使用者輸入相關資訊後，專家系統能自動判斷問題，並從知識庫提取相關的資訊，整理後做出合理的推論與建議。以下圖示是專家系統運作的流程，其中包含了3個重要元素。

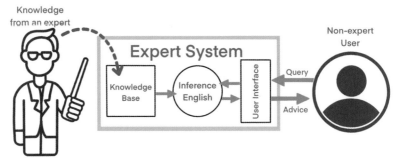

圖 2-2、專家系統架構圖

　　一、知識庫（Knowledge Base）： 由if/then語法所建構而成的規則集合，包含所有解決特定問題的知識與策略，若陳述句的條件為真（True），則執行相對應的規則（Rules）。

　　二、推論引擎（Inference Engine）： 蒐集使用者輸入的資料，並自知識庫提取資訊、規則，透過系統的正向推論（Forward Chaining）及反向推論（Backward Chaining）推導整合結果後，模擬人類專家的方式給予預測與建議。

　　三、使用者介面（User Interface）： 專家系統與外界互動的機制與方法。其功能作為資訊輸入與輸出的溝通橋樑，例如：我們輸入問題時，透過使用者介面將我們的問題轉換成系統可理解的形式，並可將推導結果回傳給使用者介面，提供給使用者建議或參考答案。

專家系統使用以下2種推論策略提供使用者建議與答案，包含正向和反向推論，說明如下：

一、正向推論：

根據目前已知的事實，並與規則（且/或）比對判斷後，嘗試推導找出未來可能發生的事實或事件，因此正向推論可以應用在計劃、監控與解釋等等方面的應用。正向推論的流程範例呈現如下圖所示，在推論過程中，每次推論的結果會成為下個推論的事實（FACTS），但規則（RULES）保持固定不變。

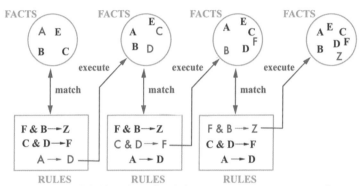

圖 2-3、正向推論示意圖（圖片來源：Manfred Kerber 2004）

下面以「食品種類判斷」為例說明「正向推論」，推論出食品的名稱。

情境描述：炎熱（E1）的下午，小明吃著媽媽放在餐桌上的冰涼（A1）食品（以下以 X 來代表這杯食品），看起來是白色的（B1），聞起來有香草的味道（G1），吃起來是甜甜的（C1），請問這杯食品可能是什麼？

下表為事實列表（綠色方框中的為已知事實）：

溫度A	顏色B	味道C	保存方式D	環境E	食物分類F	口味G	結論Z
A1冰涼的	B1白色	C1甜的	D1冷藏/冷凍	E1天氣炎熱	F1冰品	G1香草	Z1香草冰淇淋
A2常溫的	B2咖啡色	C2鹹的	D2保溫	E2天氣寒冷	F2熱食	G2巧克力	Z2巧克力冰淇淋
A3溫熱的	B3黑色	C3辣的				G3仙草	Z3燒仙草
	B4黃色					G4玉米	Z4玉米濃湯

下表為知識庫中的規則列表：

	規則	表示方式
1	A1 → D1	如果X是冰涼的（A1），則推論X的保存方式是冷藏/冷凍的（D1）。
2	A3 → D2	如果X是熱的（A3），則推論X的保存方式是保溫的（D2）。
3	C1 & D1 →F1	如果X嚐起來是甜的（C1），而且X的保存方式是冷藏/冷凍的（D1），則推論X是冰品（F1）。
4	C1 & D2 →F2	如果X嚐起來是甜的（C1），而且X的保存方式是保溫的（D2），則推論X是熱飲（F2）。
5	F1 & G1 →Z1	如果X是冰品（F1），而且X是香草口味（G1），則推論X是香草冰淇淋（Z1）。
6	F1 & G2 →Z2	如果X是冰品（F1），而且X是巧克力口味（G2），則推論X是巧克力冰淇淋（Z2）。
7	F2 & G3 →Z3	如果X是熱飲（F2），而且X是仙草口味（G3），則推論X是燒仙草（Z3）。
8	F2 & G4 →Z4	如果X是熱飲（F2），而且X是玉米口味（G4），則推論X是玉米湯（Z4）。

以下示範從目前已知的事實 {A1, B1, C1, E1, G1}，利用規則列表做正向推論，此次推論會應用到上表中的1、3、5條規則。

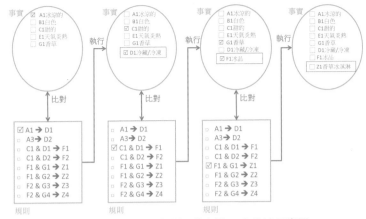

圖 2-4、「食品種類判斷」為例的正向推論示意圖

　　首先由左往右進行**第一次推論**：

　　將現有事實與所有規則逐一比對，發現所有事實只能滿足規則 1 的推論：「如果 X 是 A1 冰涼的，則推論 X 的保存方式是 D1 冷藏/冷凍」，所以將推論結果 D1 冷藏/冷凍加入現有的事實集合中 {A1, B1, C1, D1, E1, G1}。

　　接著往右進行**第二次推論**：

　　將現有事實與所有規則逐一比對，發現所有事實能滿足規則 1、3 的推論，因規則 1 已執行過推導程序，不再重複推導，故現在只進行規則 3 的推論：「如果 X 嘗起來是 C1 甜的，而且 X 的保存方式是 D1 冷藏/冷凍，則推論 X 是 F1 冰品」，所以將推論結果 F1 冰品加入現有的事實集合中 {A1, B1, C1, D1, E1, F1, G1}。

　　繼續往右進行**第三次推論**：

　　將現有事實與所有規則逐一比對，發現所有事實能滿足規則 1、3、5 的推論，排除已推導過的規則 1、3，故現在只進行規則 5 的推論：「如果 X 是 F1 冰品，而且 X 是 G1 香草口味，則推論 X 是 Z1 香草冰淇淋」，所以將推論結果 Z1 香草冰淇淋加入現有的事實集合中 {A1, B1, C1, D1, E1, F1, G1, Z1}。

　　因為第三次推論的結果已得到結論，故推論結束，本例最終推論結果為「小明吃的食品是 Z1 香草冰淇淋」。

　　二、反向推論：

　　根據已經發生的事實，嘗試找出過去可能有哪些因素會導致最終結果的發生。專家系統以此策略找出並回答為什麼會發生這件事的原因，因此反向推論可以應用在除錯與診斷等方面。反向推論的流程如

下圖所示，在推論的過程中，先從第一則推論所得到的結果開始逐一往下進行推論，但規則保持固定不變。

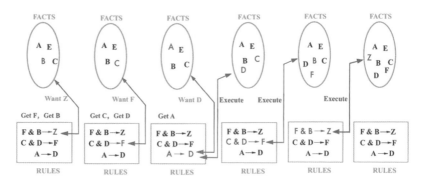

圖 2-5、反向推論示意圖（圖片來源：Manfred Kerber 2004）

下面以「小明吃東西」為例說明「反向推論」，解釋為什麼小明吃的是香草冰淇淋。

情境描述：炎熱（E1）的下午，小明正坐在餐桌吃著甜（C1）且冰涼（A1）的白色（B1）香草口味（G1）食品。我們假設小明吃的是香草口味冰淇淋，以下示範會利用規則列表的第1、3、5條，結合目前已知的事實 {A1, B1, C1, E1, G1} 做反向推論，證明此食品確實是香草冰淇淋。

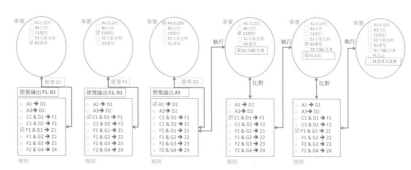

圖 2-6、「食品種類判斷」為例的反向推論示意圖

首先由左往右進行**第一次推論**：

若要滿足規則5的推論：「X是<u>Z1香草冰淇淋</u>」，必須<u>有F1冰品</u>與<u>G1香草口味</u>的事實，但是從現有的事實集合中 {A1, B1, C1, E1, <u>G1</u>} ，僅能得到<u>G1香草口味</u>，缺少<u>F1冰品</u>的事實，因此須找到滿足「X是<u>F1冰品</u>」的推論。

接著往右進行**第二次推論：**

若要滿足規則3的推論：「X是<u>F1冰品</u>」，必須有「X是<u>C1甜的</u>」與「X是<u>D1冷藏/冷凍</u>」的事實，但是從現有的事實集合中 {A1, B1, C1, E1, G1} ，僅能得到X是<u>C1甜的</u>，缺少<u>D1冷藏/冷凍</u>的事實，因此須找到滿足「X是<u>D1冷藏/冷凍</u>」的推論。

繼續往右進行**第三次推論：**

若要滿足規則1的推論：「X是<u>D1冷藏/冷凍的</u>」，必須有「X是<u>A1冰涼的</u>」的事實，從現有的事實集合中 {A1, B1, C1, E1, G1} 能滿足<u>A1冰涼</u>的的事實，因此規則1的推論成立，將<u>D1冷藏/冷凍</u>的加入現有的事實集合中 {A1, B1, C1, D1, E1, G1} 。

接著往右進行**第四次推論：**

將現有的事實集合 {A1, B1, C1, D1, E1, G1} 與規則3比對，結果<u>甜的（C1）與冷藏/冷凍D1</u>的事實符合規則3推論：「如果X嘗起來是<u>C1甜的</u>，而且X的保存方式是<u>D1冷藏/冷凍的</u>，則推論X是<u>F1冰品</u>」，所以將推論結果<u>F1冰品</u>加入現有的事實集合中 {A1, B1, C1, D1, E1, F1, G1} 。

最後往右進行**第五次推論：**

將現有的事實集合 {A1, B1, C1, D1, E1, F1, G1} 與規則5比對，得知<u>F1冰品</u>與<u>G1香草口味</u>事實滿足規則5推論：「如果X是<u>F1冰品</u>，而且X是<u>G1香草口味</u>，則推論X是<u>Z1香草冰淇淋</u>。」所以將推論結果<u>Z1香草冰淇淋</u>加入現有的事實集合中 {A1, B1, C1, D1, E1, F1, G1, Z1} 。從現有的事實集合可以證明小明吃的食品是<u>Z1香草冰淇淋</u>，因此推論到此結束。

【學習活動】專家系統正向推論與反向推論體驗

在理解正向推論與反向推論後，請用下列情境試著推導出結果，並完成下列問題，寫下推導的過程。

情境描述：寒冷（E2）的夜晚，小明吃著女友送的溫熱（A3）愛心宵夜（以下以X來代表這杯食品），有著仙草（G3）的香味，甜甜（C1）的口感，請問這杯食品可能是什麼？

- **正向推論**

請試著逐步操作推論圖，一步一步地完成你的推論。從左至右的推論中，將現在使用到的規則打勾，並在規則執行後，將得到的事實新增至下一層的事實集合中。

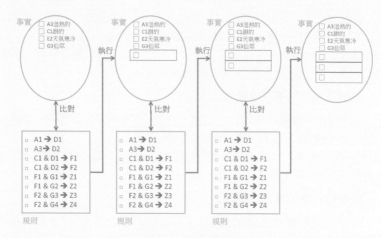

圖 2-7、正向推論圖

- **反向推論**

　　請先以「正向推論得到的食品答案」，進行反向推論，並逐步操作推論圖，一步一步地完成你的推論。從左至右的推論中，先從反向規則推論起，將現在使用到的事實和規則打勾，並在空格處寫下未列出的事實與規則，將得到的事實新增至下一層的事實集合中。

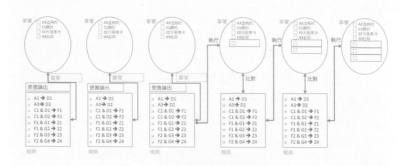

圖 2-8、反向推論圖

答案區

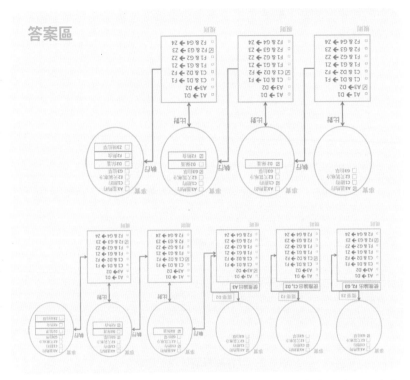

　　專家系統是發展已久的人工智慧技術，至今仍被廣泛應用，但知識庫需仰賴人工建置、系統無法有效處理大量數據所隱含的知識或規則，導致專家系統發展面臨瓶頸。因此，人工智慧的發展從知識取向轉為資料取向，接下來我們繼續帶大家認識決策樹，進一步了解人工智慧的機器學習技術。

決策樹（Decision Tree）

　　決策樹（Decision Tree）是簡單易懂的演算法，能夠將解決日常生活問題的決策過程以圖形表達，由上往下將問題與決策的結果生成具有分支的圖形，因圖形的形狀酷似一棵樹，故稱為決策樹。我們以下面這張體育課打羽球的決策樹圖形為例，最上層的「氣候」屬性為根節點，「濕度、風速」是內部節點，「打球/不打球」是葉節點，根節點與內部節點代表判斷條件，葉節點表示預測結果。在圖中，「氣候」根節點可產生「晴天」、「陰天」和「雨天」三個分支，氣候根節點經由「雨天」分支，可以與「風速」內部節點相連，「風速」內部節點再經由「風速微弱」分支，可與「打球」葉節點相連，即得知

預測的結果。因此，我們可以直接從繪製的決策樹圖形預測上體育課是否打羽球。

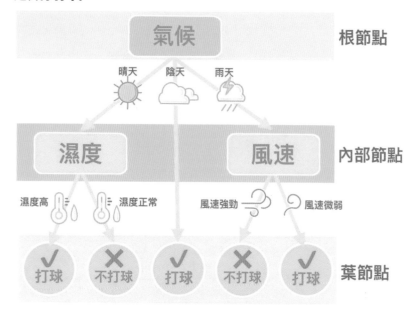

圖 2-9、體育課打羽球決策樹圖形

【學習活動】向左走、向右走

請你根據下列三種條件，繪製決策樹判斷上學搭乘的交通工具，可利用手繪或文書處理軟體（例如：Word、Writer、Draw.io、Google文件等）。

條件一、如果在6:30之前醒來，就走路上學。

條件二、如果在6:30～7:00醒來，就坐公車上學。

條件三、如果在7:00之後醒來，就請家人接送上學。

（參考答案見下頁）

簡單的決策問題可透過人工的方法，從資料裡面挑選與決策相關的重要屬性（attribute）（例如：風速、溫度)作為節點，繪製決策樹圖形做出決策，而資料的屬性選擇是影響決策樹繪製和決策判斷的關鍵因素。但在現實的生活中，這類問題利用人工處理並不容易，因為要針對問題做出決策往往需要大量的資料，每筆資料可能有多種屬性，計算複雜，因此，必須仰賴電腦高速運算及處理資料的能力，

運用演算法，幫助我們自動從眾多資料中找出適合當根節點及內部節點的資料屬性建構決策樹，並且讓機器能夠解釋與模擬人做決策的邏輯。

以下是某學校體育課打羽球的資料集合（data set），總共有14筆紀錄，由4個資料屬性：氣候、溫度、濕度、風速，以及決策變項「打羽球」所組成。

依資料的性質選擇使用ID3演算法，計算資料屬性的熵值及資訊獲利，據此選擇某資料屬性作為節點，由上而下逐步切割資料集合，最終生成決策樹。

編號	氣候	溫度	濕度	風速	打羽球
1	晴天	炎熱	偏高	弱	不打球
2	晴天	炎熱	偏高	強	不打球
3	陰天	炎熱	偏高	弱	打球
4	雨天	暖和	偏高	弱	打球
5	雨天	涼爽	正常	弱	打球
6	雨天	涼爽	正常	強	不打球
7	陰天	涼爽	正常	強	打球
8	晴天	暖和	偏高	弱	不打球
9	晴天	涼爽	正常	弱	打球
10	雨天	暖和	正常	弱	打球
11	晴天	暖和	正常	強	打球
12	陰天	暖和	偏高	強	打球
13	陰天	炎熱	正常	弱	打球
14	雨天	暖和	偏高	強	不打球

（資料屬性、決策屬性、資料屬性值、決策結果）

表2-1、體育課打羽球的資料集合

【學習活動】向左走、向右走
參考答案

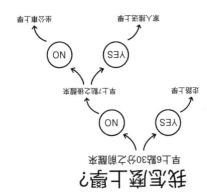

建構決策樹的流程圖與步驟說明如下。

圖2-10、決策樹演算法流程圖

輸入所有資料（資料處理）

　　將【氣候】、【溫度】、【濕度】、【風速】、【打羽球】的資料，轉換為電腦能進行分析運算的數值。例如從資料集合中找出所有氣候是晴天的資料，計算打羽球決策的個數及總和。

編號	氣候	溫度	濕度	風速	打羽球
1	晴天	炎熱	偏高	弱	不打球
2	晴天	炎熱	偏高	強	不打球
8	晴天	暖和	偏高	弱	不打球
9	晴天	涼爽	正常	弱	打球
11	晴天	暖和	正常	強	打球

資料轉換

氣候	打羽球	個數	總和
晴天	不打球	3	5
	打球	2	

步驟一、計算決策屬性【打羽球】熵值

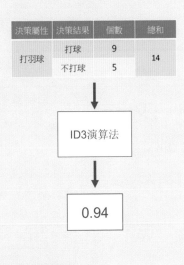

決策屬性	決策結果	個數	總和
打羽球	打球	9	14
	不打球	5	

ID3演算法

0.94

步驟二、計算資料屬性【氣候】、【溫度】、 【濕度】、【風速】熵值

例如【氣候】屬性熵值為0.693536。

氣候	打羽球	個數	總和
晴天	不打球	3	5
	打球	2	

氣候	打羽球	個數	總和
陰天	不打球	0	4
	打球	4	

氣候	打羽球	個數	總和
雨天	不打球	2	5
	打球	3	

ID3演算法

0.693536

步驟三、計算資料屬性【氣候】、【溫度】、【濕度】、【風速】的資訊獲利

資料獲利 = 決策屬性熵值 – 資料屬性熵值

以【氣候】為例，

資料獲利 = 打羽球熵值 – 氣候熵值

= 0.94 – 0.693536

= 0.246464

資料屬性的熵值及資訊獲利摘要表如下：

打羽球熵值：0.94				
	氣候	溫度	濕度	風速
熵	0.693536	0.911063	0.78845	0.892159
資訊獲利	0.246464	0.028937	0.15155	0.047841

步驟四、選擇資訊獲利最大資料屬性，當成切割資料集合的節點

比較各個資料屬性的資訊獲利大小，氣候(0.246464) > 濕度(0.15155) > 風速(0.047841) > 溫度(0.028937)，故選擇【氣候】作為決策樹的第一個節點(根節點)。

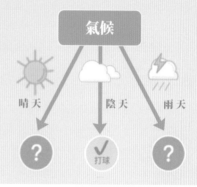

　　原始資料經【氣候】切割後，依【晴天】、【陰天】、【雨天】分為3個，其中【陰天】上體育課都有打羽球，所以生成葉節點【打球】。換言之，若切割後的資料集合，決策屬性皆屬於同一類別，打球或不打球，就可生成葉節點。

編號	氣候	溫度	濕度	風速	打羽球
3	陰天	炎熱	偏高	弱	打球
7	陰天	涼爽	正常	強	打球
12	陰天	暖和	偏高	強	打球
13	陰天	炎熱	正常	弱	打球

步驟五、利用切割【氣候】資料屬性所得到的資料集合，重複步驟二、三、四、五，挑選尚未成為節點的資料屬性【溫度】、【濕度】、【風速】，當成目前切割資料集合的節點，並判斷是否生成葉節點

1.氣候為晴天的資料集合，經計算比較資訊獲利，將【濕度】當成節點。

編號	氣候	溫度	濕度	風速	打羽球
1	晴天	炎熱	偏高	弱	不打球
2	晴天	炎熱	偏高	強	不打球
8	晴天	暖和	偏高	弱	不打球
9	晴天	涼爽	正常	弱	打球
11	晴天	暖和	正常	強	打球

	氣候	溫度	濕度	風速
熵	已取為根節點	0.4	0.001	0.952
資訊獲利		0.571	0.97	0.019

2.氣候為雨天的資料集合，經計算比較資訊獲利，將【風速】當成節點。

編號	氣候	溫度	濕度	風速	打羽球
4	雨天	暖和	偏高	弱	打球
5	雨天	涼爽	正常	弱	打球
6	雨天	涼爽	正常	強	不打球
10	雨天	暖和	正常	弱	打球
14	雨天	暖和	偏高	強	不打球

	氣候	溫度	濕度	風速
熵	已取為根節點	0.95	已取為晴天分支的內部節點	0
資訊獲利		0.02		0.97

開始
↓
輸入所有資料
↓
步驟一
計算
決策屬性
的熵值
↓
步驟二
計算
所有未被挑選為節點的資料屬性
的熵值
↓
步驟三
計算
所有未挑選為節點的資料屬性
的資訊獲利
↓
步驟四
從所有未被挑選為節點的資料屬性中選擇資訊獲利最大的屬性做為節點
↓
決策樹建構完成？
(所有資料屬性都已成為節點)
否 →
是 ↓
結束

當所有資料屬性均已成為節點，或所有分支均已生成葉節點，則表示已完成建構決策樹。

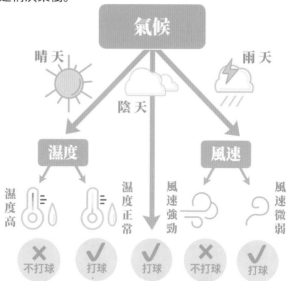

圖2-11、建構完成的決策樹

若你想進一步了解ID3演算法詳細的運算流程，敬請參考附錄一。

知識大補帖

決策樹的建構需要輸入資料才能做出決策，儲存這些資料的容器稱為「變數」，「變數」指的是某種屬性的資料集合，可分為「連續變數」和「類別變數」。

- **類別變數：此屬性的值只是做為分辨用途。**
  例如：打羽球範例中的氣候、溫度、濕度、風速、打羽球等屬性值。

- **連續變數：此屬性的值為數值，能夠計算、排序、比較大小等差異。**
  例如薪水、房價、按讚次數等屬性值。

有了資料之後，決策樹能夠依照做決策的變數類型，幫助我們解決問題。「體育課打羽球」的範例中，打羽球變數的資料為「打球/不打球」，屬於類別變數，可透過決策樹做出打球與否

的推論；若「體育課打羽球」的資料更換為下方表格，打羽球變數的資料為時間，屬於連續變數，也可利用決策樹推論出打羽球的時間長短。

編號/屬性	氣候	溫度	濕度	風速	打羽球時間
1	晴天	炎熱	偏高	弱	20
2	晴天	炎熱	偏高	強	25
...					
N	陰天	炎熱	偏高	弱	38

表2-2、體育課打羽球的時間資料

決策樹的演算法除了適用類別變數的ID3演算法外，另外還有C4.5、CART和CHAID等演算法，因應不一樣的變數類型，可選擇適當的演算法來建構決策樹。

決策樹能輔助我們做決策解決日常生活的問題，仰賴的是建立決策樹時使用的資料，不需要先有規則或知識。有別於專家系統的規則推論，決策樹的建構是基於統計與機率等數學模型，這可以算是人工智慧發展的重要里程碑，更與機器學習有著相同的關聯性。

第2節 機器學習

　　人類經由不斷地學習變得更有智慧，而機器要變得有智慧也要依賴學習。機器學習（Machine Learning）是實踐人工智慧的方法之一，是利用資料（data）進行分類和預測的技術，目的是讓機器能像人類一樣思考與判斷，具有自主學習的能力，進而與外界互動。機器學習的方法主要可分為三類：監督式學習、非監督式學習和強化式學習，接下來讓我們一起來探究機器（電腦）是如何學習的。

知識大補帖

當機器有了智慧，可以做到以下兩件事：

一、預測未來的事件。

　　例如：我們問機器人明天是否會下雨？機器人回答有75%的機率會下雨。

二、推論事件與行為發生的原因與模式（patterns）。

　　例如：我們問機器人今天為什麼會下雪？機器人回答可能的原因有濕度、溫度、地理位置等。

監督式學習

　　機器要如何學會辨識小狗呢？如果要正確辨識小狗，先決條件必須要知道小狗的特徵，回想一下小時候，我們認識小狗的特徵是完全靠自己在眾多動物中整理分類，抑或是父母師長的教導？你是否還記得，每次遇到小狗，爸爸媽媽會不斷告訴我們這就是小狗，因此我們透過不斷彙整小狗的各種模樣，歸納出小狗的特徵（例如：四隻腳、有毛、會汪汪叫等），並且隨著年齡漸長，看過的小狗種類愈來愈多，我們能辨識的小狗種類就更加廣泛（不管是長毛的、或是短毛的，我們都能辨識出來）。且因為也看過更多動物，而父母會提醒我們物種的不同，因此讓我們的辨識更加正確（例如能分辨小狗與小貓）。

　　同樣地，機器要學會辨識小狗，人類必須扮演機器的父母師長，不

但將資料(小狗等影像)提供給機器(電腦)，也明確指定正確答案(是否為小狗)，至於資料的特徵（feature）可由機器自行偵測處理，經過這個學習歷程，機器就能利用建立的模型自行預測看到的影像是否為小狗。這就是監督式學習（Supervised Learning）。

　　監督式學習一開始會先將含有正確答案的資料輸入到機器，接著利用演算法從資料中訓練模型（Model），最終機器能以建立的模型正確預測資料。

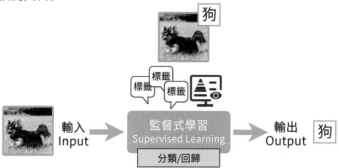

圖2-12、監督式學習示意圖

監督式學習使用的資料分為2大類：

一、訓練資料(training data)：讓機器運用演算法提取特徵、建立模型。

　　例如：我們要訓練機器人自動辨識出水果為蘋果，需要準備的訓練資料如下圖所示。

圖2-13、訓練資料

二、測試資料(test data)：用來測量模型、預測資料的準確性，藉此判斷是否再次提供訓練資料，增進模型預測資料的正確性。

圖2-14、測試資料

　　機器學習的模型通常用數學公式來呈現，透過機器利用演算法對資料進行學習而得到。舉例來說，從市調可得知目前新北市蘆洲區房屋面積和價格的關係，若我們給定一個房屋面積（60坪），可以根據已知的資料來預測其對應價格是多少。以下圖來說明，我們將已知的房屋坪數(X軸)和價格(Y軸)關係當作訓練資料，透過演算法（使用線性回歸公式）找出模型（座標軸上最接近這些點的一條直線），接著將測試資料（60坪）輸入模型中，可得到預測總價。

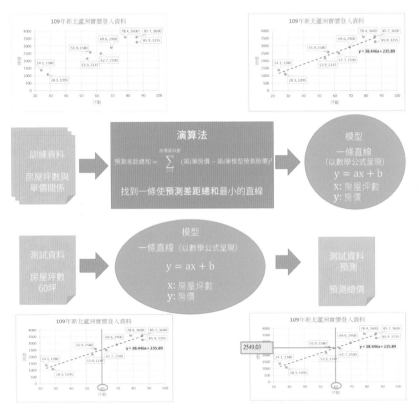

圖2-15、機器學習預測房屋總價示意圖

房屋坪數	24.1	28.3	53.9	55.9	62.7	69.6	78.4	85.7	85.7	85.9
總價	1380	1095	2147	2580	2500	2900	3600	3600	3605	3255

表2-3、109年新北蘆洲實價登錄房屋坪數與總價資料

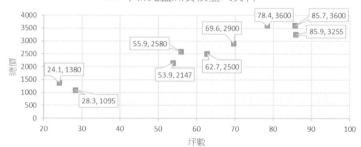

圖 2-16、109年新北蘆洲實價登錄房屋坪數與成交價格分布圖

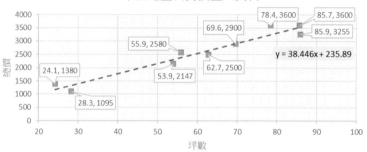

圖 2-17、109年新北蘆洲實價登錄房屋坪數
與成交價格分布圖（加上回歸線）

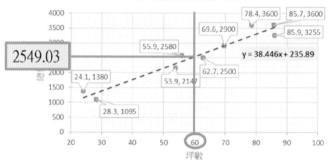

圖 2-18、參考回歸線預估60坪的房屋成交價

　　監督式學習是利用事先準備的資料與正確答案配對，讓人工智慧對特定的目標進行學習，就像學生寫國語習作與作文練習，目的就是期望段考的國語有好的成績。監督式學習可以讓機器處理分類與回歸的問題，告訴我們正確的答案。監督式學習的應用已成為日常，譬如電子郵件伺服器會自動依據郵件的內容，判斷哪些是垃圾郵件；天氣預報系統能根據過去新北市五股區十年的氣象資料，預告未來一星期的溫、溼度等。下面有個監督式學習活動，非常有趣，讓我們一起來探究什麼是監督式學習吧！

【學習活動】 保護海洋

　　我們以保護海洋的人工智慧（AI for Oceans）為例（https://code.org/oceans），一起線上體驗監督式學習。

壹、活動說明

　　這個活動可以讓我們了解機器學習的流程，動手訓練機器學習模型，預測機器學習結果。在訓練階段，我們以滑鼠點擊「魚」或「不是魚」告訴A.I.（畫面中的白色機器人）這張圖片的正確答案，這個動作是監督式學習的關鍵步驟，稱為**標註（labeling）**。

　　重複上述訓練，讓機器人知道「魚」長什麼樣子後，A.I.就會逐漸從被標註為「魚」的圖片提取「魚」的**特徵（feature）**，例如：顏色、形狀、眼睛、嘴巴等，當A.I.結束訓練就會建立模型代表已完成學習，接下來A.I.就可以憑藉這個模型自動判斷看到的圖片是「魚」或「垃圾」。

> ### 知識大補帖
>
> - 標註（labeling）：主要目的是讓機器學習資料的正確答案，是監督式學習的核心步驟。

- 資料的特徵（feature）：指的是用於建立機器學習模型的屬性，是影響機器學習預測與推論效能的關鍵。以生活中動物辨識為例，蝴蝶與魚的特徵有所不同，蝴蝶有翅膀、觸角、足等特徵，而魚有背鰭、尾巴、腹鰭等特徵。

　　蒐集資料的時候要注意特徵的良莠，有好的特徵，機器建立的模型預測與推論效能愈好。例如：想要預測學生的成績，讀書時數、作業繳交次數等為合適的特徵，但用學生身高、體重等特徵則不適切。

貳、活動流程

　　步驟一、打開瀏覽器，連線至
https://studio.code.org/s/oceans/stage/1/puzzle/2。

　　步驟二、點選網頁左下角下拉式選單，選擇「繁體中文」語系。閱讀活動任務說明後，點擊「繼續」按鈕，開始訓練A.I.人工智慧機器人。

步驟三、網頁右上角會以阿拉伯數字顯示目前訓練A.I.的圖片數量。以右圖為例，目前已使用2張圖片訓練A.I.。

若要重新訓練A.I.，可點選「垃圾桶」圖示，刪除所有訓練資料。

步驟四、結束訓練A.I.，點選「繼續」按鈕。

步驟五、點選「運行」按鈕，開始使用測試資料觀察A.I.能夠正確預測「魚」的次數。

步驟六、A.I.會以建立的模型自行判斷測試資料是魚或垃圾。綠色表示A.I.識別圖片為魚，紅色為垃圾。（A.I.有可能辨識錯誤，例如左一圖，A.I.錯將垃圾辨識成魚）

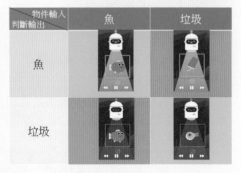

⏮ ⏸ ⏭　A.I.暫停識別圖片。

⏮ ▶ ⏭　A.I.繼續識別圖片。

⏮ ⏸ ⏭　A.I.快速識別圖片。

⏮ ⏸ ⏭　A.I.倒退識別圖片。

步驟七、結束測試A.I.，請以滑鼠點選「繼續」按鈕終止測試過程。

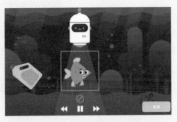

以下圖為例，先輸入2張訓練圖片讓A.I.學習識別「魚」的條件下，再利用 20張測試圖片檢測A.I.的人工智慧，從檢測結果發現，只有9張魚的圖片被正確辨識，11張垃圾圖片誤判為魚。

人類的智商能夠透過智力測驗得知，判斷A.I.的智商可以使用下列公式求得：

$$準確率(A.I.智商)= \frac{A.I.正確辨識魚的次數}{A.I.正確辨識魚的次數+A.I.錯將垃圾辨識為魚的次數}$$

知識大補帖

上方準確率(A.I 智商)公式參考「評估人工智慧的混淆矩陣」文獻而訂定，公式參考如下：

$$Precision=\frac{TP}{TP+FP} = \frac{True\ Positive}{True\ Positive+Fasle\ Positive}$$

因此得到A.I.準確率計算如下

$$準確率= \frac{9}{9+11} = 0.45$$

參、動動腦

1. 第一次利用5張圖片訓練A.I.，
   再使用20張圖片測試A.I.辨識魚，則準確率為 _____ 。

2. 第二次利用15張圖片訓練A.I.，
   再使用20張圖片測試A.I.辨識魚，則準確率為 _____ 。

3. 第三次利用25張圖片訓練A.I.，
   再使用20張圖片測試A.I.辨識魚，則準確率為 _____ 。

4. 機器人正確辨識垃圾和魚次數最高的是第_____次訓練。

5. 若要提高機器人正確辨識魚的成功率，我應該怎麼做?

   _____

   _____

根據【保護海洋】的學習活動，我們將機器學習的流程呈現如下：

1 問題解析

我如何訓練具有人工智慧的機器人
能自動判斷垃圾或魚

2 蒐集資料

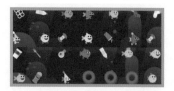

3 資料前處理

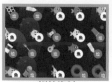

訓練資料　　　　測試資料

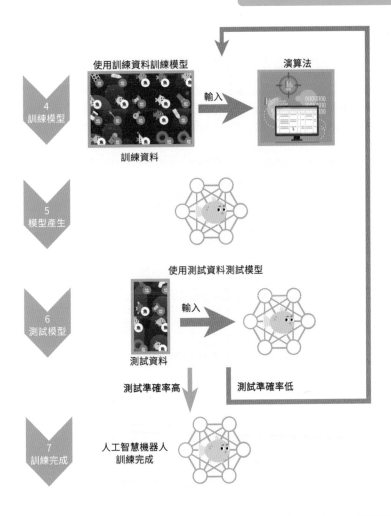

　　在步驟一至三，我們針對問題蒐集需要的資料，並進行適當的資料前處理，接著在步驟四使用訓練資料協助A.I.建立模型，當步驟五「模型產生」後，進入步驟六「測試模型」，評估A.I.模型的準確率，若A.I.的準確率表現不如預期，則再重複進入步驟四「訓練模型」，直到A.I.模型的準確率符合預期。

　　以下我們以常見的監督式學習演算法來跟大家說明監督式學習的實際運作狀況。

K-最近鄰居演算法

　　K-最近鄰居演算法（K Nearest Neighbor，簡稱KNN）是一種可以同時解決預測與分類問題的監督式學習演算法，它是根據已知的鄰近資料來對未知資料做分類，其依據是測量K個鄰居特徵值的距離而決定資料的類別，我們進一步用實際的例子來詳細說明。

　　右圖是某班學生的身高與體重分佈圖，紅點表示體重超重，藍點表示體重適中，綠點表示未知的學生體重，我們想要透過ＫＮＮ演算法判斷這位綠點學生的體重是屬於體重超重或體重適中的類別。

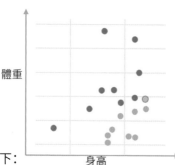

判斷學生體重分類的KNN的演算步驟如下：

步驟一、決定K值。

　　在此例中，我們設定K＝3，表示要找到3筆資料。

　　在後續步驟中，將透過計算所有學生的特徵值距離，而找到最鄰近的3筆資料，並以此決定未知資料（綠點學生）的類別（體重分級）。

步驟二、計算未知資料與已知資料的特徵值距離。

　　計算點與點之間距離的方法有很多，我們使用常見與容易理解的歐幾里德距離（Euclidean distance），公式如下：

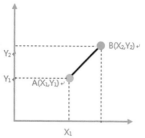

$$d = \sqrt{(X_2 - X_1)^2 + (Y_2 - Y_1)^2}$$

　　d: 代表歐幾里德距離。

　　(X_1, Y_1): 為已知資料A（紅點或藍點學生）的特徵值。

　　(X_2, Y_2): 為未知資料B（綠點學生）的特徵值。

　　我們以此公式來計算未知資料（綠點學生）與已知資料（所有學生）的特徵值距離。

步驟三、找出與未知資料最為鄰近的 K 筆資料。

　　根據步驟一的 K 值（K=3）與步驟二的特徵值距離資料，找出 3 個與未知資料（綠點學生）最靠近的資料（紫色外框點學生）。

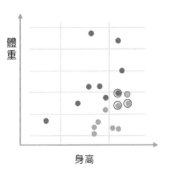

步驟四、統計 K 個鄰近資料分屬於各類別的個數。

　　根據步驟三找出的 3 筆資料（紫色外框點學生），統計他們各屬於哪個類別，其中有 1 筆資料為體重超重（紅點學生）、2 筆資料為體重適中（藍點學生）。

圖示	紅點●	藍點●
數量	1	2
類別	體重超重	體重適中

步驟五、將未知資料歸屬到類別個數較多的類別。

　　根據步驟四所統計的結果，體重適中（藍點學生）類別的個數為2，體重超重（紅點學生）類別的個數為1，因此2>1，所以將未知資料（綠點學生）歸類於體重適中（藍點學生）類別。

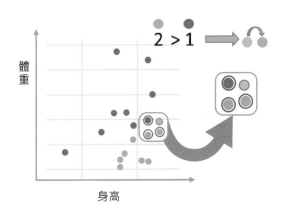

　　在了解KNN的演算流程後，我們接下來利用試算表軟體動手實作，以KNN演算法解決我們接下來碰到的問題。

【學習活動】AI校園解說員

　　學校為了吸引更多學生認識校園植物，規劃植物解說員機器人，讓更多的學生認識校園植物，並愛惜學校的一草一木，落實校園生態保育，下圖植物為鳶尾花寫真。

山鳶尾setosa

變色鳶尾versicolor

維吉尼亞鳶尾virginica

壹、活動說明

　　這個活動從校園的情境發想，將資訊科技應用的內涵結合KNN演算法，引導大家能利用試算表作為監督式學習的工具，並透過實作，理解監督式學習的重點及KNN演算法的原理。

　　人類透過經驗學習獲得智慧，機器人經由資料訓練擁有判斷能力，為了讓植物解說員機器人能正確辨識上述3種鳶尾花，學校提供以下的花朵資料，作為訓練機器人之用。

花萼長度	花萼寬度	花的品種
5.1	3.3	setosa
5	3	setosa
5.2	3.4	setosa
4.7	3.2	setosa

表2-4、花朵資料

貳、活動流程

步驟一、開啟試算表軟體

　　本書以Excel示範（LibreOffice或OpenOffice等自由軟體的Calc亦可適用）。

步驟二、匯入訓練資料

　　以滑鼠點擊「資料」\「從文字/CSV」，選擇「鳶尾花.csv」檔案。

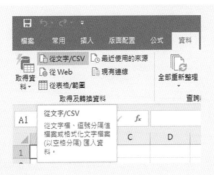

步驟三、插入圖表

我們利用試算表內建的繪圖功能，將數據以圖形方式呈現，了解目前已知花朵品種的分佈狀況。

以滑鼠選取「花萼長度」、「花萼寬度」及「花的品種」資料範圍，點擊「插入」\「散佈圖」。

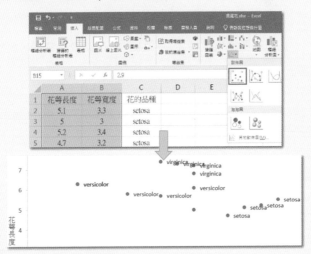

步驟四、計算歐幾里德距離。

KNN是以歐幾里德距離作為分類資料的演算法，歐幾里德距離公式如下：

$$d = \sqrt{(X_2 - X_1)^2 + (Y_2 - Y_1)^2}$$

我們可以利用試算表的計算功能，求得未知品種與已知花朵品種之間的距離大小。

（一）以下圖為例，滑鼠點按儲存格I2，接著點按「資料編輯
列」。

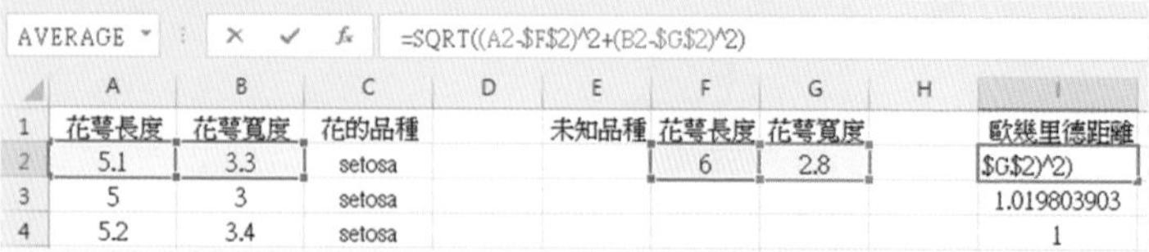

AVERAGE		×	✓	f_x	=SQRT((A2-$F$2)^2+(B2-$G$2)^2)			

	A	B	C	D	E	F	G	H	I
1	花萼長度	花萼寬度	花的品種		未知品種	花萼長度	花萼寬度		歐幾里德距離
2	5.1	3.3	setosa			6	2.8		$G$2)^2)
3	5	3	setosa						1.019803903
4	5.2	3.4	setosa						1

（二）輸入下方SQRT公式，計算第一筆已知品種與未知品種的
歐幾里德距離，

$$=SQRT((A2-\$F\$2)^2+(B2-\$G\$2)^2)$$

（三）以「複製公式」的方法計算出其餘已知資料與未知品種
的歐幾里德距離。

步驟五、計算未知品種與已知品種距離的排名。

（一）以下圖為例，滑鼠點按儲存格J2，接著點按「資料編
輯列」。

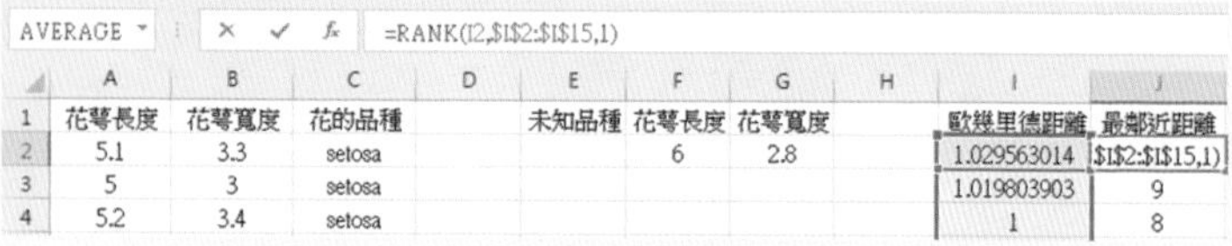

AVERAGE		×	✓	f_x	=RANK(I2,$I$2:$I$15,1)			

	A	B	C	D	E	F	G	H	I	J
1	花萼長度	花萼寬度	花的品種		未知品種	花萼長度	花萼寬度		歐幾里德距離	最鄰近距離
2	5.1	3.3	setosa			6	2.8		1.029563014	$I$2:$I$15,1)
3	5	3	setosa						1.019803903	9
4	5.2	3.4	setosa						1	8

（二）輸入下方RANK公式，求得未知品種與已知資料距離的
排名，

$$=RANK（I2,\$I\$2:\$I\$15,1）$$

（三）接著以「複製公式」的方法算出其餘資料距離的排名。

步驟六、將未知品種歸屬到類別個數較多的類別

運用KNN演算法統計的結果如下圖，設定K值為3，選取的
「最鄰近距離」前三名如下圖方框所示，由於這3筆資料的品種均
為【versicolor】，所以據此推測未知品種為【versicolor】。

E	F	G	H	I	J	K
未知品種	花萼長度	花萼寬度		歐幾里德距離	最鄰近距離	花的品種
	6	2.8		1.029563014	10	setosa
				1.019803903	9	setosa
				1	8	setosa
				1.360147051	13	setosa
				0.860232527	7	setosa
				0.583095189	4	versicolor
				0.223606798	1	versicolor
				0.282842712	2	versicolor
				0.824621125	6	versicolor
				0.583095189	4	versicolor
				0.3	3	versicolor

叁、動動腦

一、請問植物解說員機器人的學習模式是哪一種機器學習法？請勾選。

☐ 監督式學習

☐ 非監督式學習

☐ 強化學習

二、 設定K=3，現在有另一株未知品種的鳶尾花出現（花萼長度5.4，寬度2.1），請透過剛剛的試算表預測花的品種為何？請勾選。

☐ 山鳶尾setosa

☐ 變色鳶尾versicolor

☐ 維吉尼亞鳶尾virginica

非監督式學習

　　非監督式學習（Unsupervised Learning）有別於監督式學習提供大量且有正確答案的資料，我們僅提供大量的資料給機器（電腦），但不給答案，機器（電腦）必須自行推導資料之間的關連與群聚，據此推測結果的正確性。

圖2-19、非監督式學習示意圖

　　舉例來說，我們隨機將200張包含貓、狗、鳥的圖片輸入到電腦，電腦會自行依據圖片的特徵，將圖片劃分為貓科、犬科或鳥科3個群組；另一種可能是將圖片劃分成有耳朵與沒有耳朵2個群組。值得注意的是機器在進行學習時，只能針對圖片進行分群，無法辨識圖片的動物名稱。

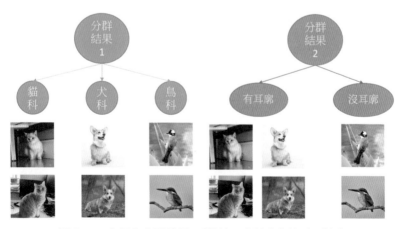

圖 2-20、左圖為分群結果1（貓科、犬科或鳥科3個群組）
右圖為分群結果2（有耳廓與沒耳廓2個群組）

知識大補帖

在機器學習的過程中，需仰賴大量的資料，而這些資料包含了許多特徵，但若此龐大的資料集合中包含太多重複性高或不重要的資料，會導致計算複雜，以致機器學習效能降低，而降維(Dimension Reduction)就是在資料集合裡將重複性高或不重要的資料捨去，提升機器學習的效能。

舉例來說，下表是小明班上同學的「健康紀錄」資料集合，包含性別、身高(公分)、身高(英吋)、體重(公斤)、BMI、肥胖程度等7個特徵。

座號	性別	身高(公分)	身高(英吋)	體重(公斤)	肥胖程度
1	男	162.9	64.13	84.9	體重超重
2	男	164.5	64.76	71	體重超重
3	男	146.2	57.56	55.9	體重超重
4	男	162.7	64.06	54.8	體重適中
5	女	157.5	62.01	52.9	體重適中
6	女	160.6	63.23	44.4	體重適中
7	女	155.2	61.1	63.7	體重超重

在訓練機器學習「自動分類肥胖程度」的過程中，若要縮短機器訓練模型時間，我們可以怎麼做呢？

請大家檢視上面的資料集合，身高(公分)、身高(英吋)這2個特徵的內容實際上是相同的，只需要保留其中一個特徵就夠了；而座號這個特徵對肥胖程度並不重要，也可捨去。因此在進行機器學習之前，先檢視資料集合中所有特徵，刪除重複或不重要的資料特徵，使資料特徵總數減少，可讓機器分析資料更快，縮短訓練模型的時間且不影響機器學習的結果。

在現實的情境下，降維是進行機器學習會面臨的課題，有效的降維可以壓縮資料，減少計算複雜度，也有助於生成資料視覺化結果，提供更容易查看存取的方式。

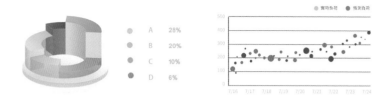

圖 2-21、視覺化的資料呈現方式

　　非監督式學習的演算法非常多種，以下介紹應用相當廣泛的K平均分群演算法（K-means）。

K平均分群演算法

　　K平均分群演算法（K-means）是非監督式學習相當具有代表性的演算法，運作的原理簡單也容易理解，是「物以類聚」的概念，就如同學校的社團，社團的成員是由一群興趣相似的學生所組成，而這些成員之間的關係是因為「興趣」而聚集，不同的是K-means是以「距離」分析各種資料之間的關係，找出相似性。K-means的K指的是我們指定要將資料分群（cluster）的個數，means代表每一群的群組中心（cluster centroid），群組中心就是一群點的中心座標，例如：若這群點是全班每一位同學的數學成績，其群組中心就是全班數學成績的平均分數。

　　我們以未經標註（labeling）的資料為例，說明K-means的運算流程，

步驟一、匯入資料。

　　首先我們將資料匯入系統，圖示的點代表資料，資料的分佈圖如右。

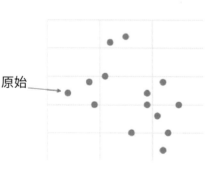

原始

步驟二、決定分群個數K。

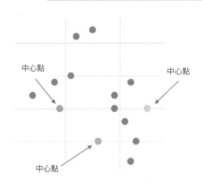

指定系統將資料分類為K個群組，假設我指定群組數量K=3，系統隨機選擇3筆稱之為群組中心（cluster centroid）的資料，簡稱中心點，如右圖的橘、黃、灰3點。

步驟三、計算每點與K個中心點之間的距離。

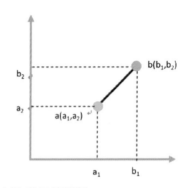

計算點與點之間距離的方法有很多，我們仍使用多數人容易理解的歐幾里德距離（Euclidean distance），公式如下，d代表歐幾里德距離，a，b為資料的特徵值，並以數值方式表示。

$$d(a,b) = \sqrt{\sum_{i=1}^{n}(a_i - b_i)^2}$$

d：代表歐幾里德距離。

$(a_1, a_2, ..., a_n)$：為已知資料 A 的特徵值。

$(b_1, b_2, ..., b_n)$：為已知資料 B 的特徵值。

例如有 2 筆資料 $a(3,3)$，$b(6,7)$，計算兩者之間的距離如下：

$$d(a,b) = \sqrt{(3-6)^2 + (3-7)^2}$$

$$d(a,b) = \sqrt{(-3)^2 + (-4)^2}$$

$$d(a,b) = \sqrt{9 + 16}$$

$$d(a,b) = \sqrt{25}$$

$$d(a,b) = 5$$

步驟四、將每一點劃分在距離最近的中心點群組內。

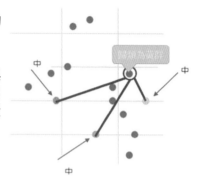

　　以右圖紫色框的點為例，算出與橘、黃、灰3中心點距離後，發現與黃中心點距離最近，因此歸屬於黃群。

步驟五、計算每一群組的新中心點，以新中心點取代舊中心點。

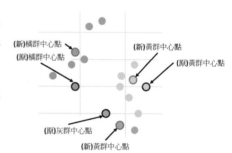

　　計算群組內所有資料的平均值設為新中心點。

步驟六、持續調整中心點位置，直到變動很小為止。

　　重複步驟三到五，直到群組中心不再變動或變動很小為止，系統經過分群處理的資料分佈圖示如右，分為三個叢集（cluster）資料。

　　我們透過K-means演算法進行分群，得到叢集（cluster）資料，進而推測群體內的共同特徵為何，如果叢集與預期的結果大相逕庭，就必須要重新檢視資料，並反覆執行分群處理，最終獲得預期的分群結果。

　　在了解K-means的演算流程後，我們接下來利用試算表軟體動手實作，以K-means解決我們碰到的問題。

【學習活動】小明速食外送店

　　小明經營的速食連鎖店想要在希望園區設置3個提供外送服務的據點，目前已知希望園區住家的地址，若小明規劃外送服務的據點和每一住家之間的距離保持最小，請問設置這3個外送服務據點的理想位置為何？

壹、活動說明

　　這個活動從商業經營模式發想，將K-means演算法融入資訊科技的應用，在此學習活動中，試算表作為非監督式學習的工具，而機器學習所仰賴的資料可透過試算表實作K-means演算法，理解非監督式學習的重點及K-means的原理。

　　目前已知希望園區住家（共八戶）的相對地址如上圖所示，而三個外送服務的最佳設置地點未知，我們將透過非監督式學習的K-means演算法，幫助小明找出最佳地點。

貳、活動流程

步驟一、開啟試算表軟體

　　本書以Excel示範，其他像是LibreOffice 或 OpenOffice 等自由軟體的Calc軟體亦適用。

步驟二、開啟舊檔

　　滑鼠點選「檔案」\「開啟舊檔」，選擇「希望園區住家資料」檔案。

住家編號	住家地址	
A	3	10
B	3	5
C	9	4
D	6	8
E	7	5
F	6	4
G	2	4
H	5	9

步驟三、插入圖表

　　我們利用試算表內建的繪圖功能,將數據以圖形方式呈現,了解目前「希望園區住家」位置的分佈情況。

　　以滑鼠選取「住家地址」資料範圍,點選「插入」\「散佈圖」。

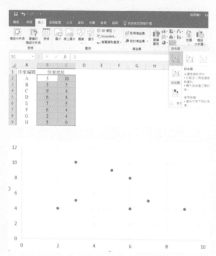

步驟四、設定第一次3個外送據點的位置預設值。

　　第一次選取的3個外送據點位置預設值為K1(3, 10)、K2(9, 4)、K3(2, 4)。

步驟五、計算每個住家與3個外送據點之間的距離。

　　我們利用歐幾里德距離公式計算住家與外送據點之間的距離得到結果如下圖。

住家編號	住家地址		K1	K2	K3
	x	y	x y 3 10	x y 9 4	x y 2 4
A	3	10	0.00	8.49	6.08
B	3	5	5.00	6.08	1.41
C	9	4	8.49	0.00	7.00
D	6	8	3.61	5.00	5.66
E	7	5	6.40	2.24	5.10
F	6	4	6.71	3.00	4.00
G	2	4	6.08	7.00	0.00
H	5	9	2.24	6.40	5.83

步驟六、將每一住家劃分在距離最近的外送據點（K1、K2、K3）群組內。

以住家B為例，該點距離K3的值為1.41，為三個據點內最小的值，故將B點歸屬在K3群組。

外送據點	住家劃分狀況
K1	A、D、H
K2	C、E、F
K3	B、G

住家編號	住家地址		K1		K2		K3	
	x	y	3	10	9	4	2	4
A	3	10	0.00		8.49		6.08	
B	3	5	5.00		6.08		1.41	
C	9	4	8.49		0.00		7.00	
D	6	8	3.61		5.00		5.66	
E	7	5	6.40		2.24		5.10	
F	6	4	6.71		3.00		4.00	
G	2	4	6.08		7.00		0.00	
H	5	9	2.24		6.40		5.83	

步驟七、計算每一群組的新中心點。

以新中心點當作新外送據點，取代舊外送據點。得到新的設置外送據點地址為K1（4.7, 9）、K2（7.3, 4.3）、K3（2.5, 4.5）。

步驟八、重複步驟五到步驟七，計算距離、分群、找新中心點，直到新中心點不在變動或變動很小為止。

重新計算每一群組的新中心點，新計算出的K1、K2、K3值與原有的值相同。因此決定出最終的外送設置據點為K1（4.7, 9）、K2（7.3, 4.3）、K3（2.5, 4.5）。

住家編號	住家地址		K1		K2		K3	
	x	y	3	10	9	4	2	4
A	3	10	0.00		8.49		6.08	
B	3	5	5.00		6.08		1.41	
C	9	4	8.49		0.00		7.00	
D	6	8	3.61		5.00		5.66	
E	7	5	6.40		2.24		5.10	
F	6	4	6.71		3.00		4.00	
G	2	4	6.08		7.00		0.00	
H	5	9	2.24		6.40		5.83	

外送據點	住家劃分狀況
K1	A、D、H
K2	C、E、F
K3	B、G

叁、動動腦

請問若第一次選定3個中心點的值為K1（6, 8）、K2（6, 4）、K3（5, 9），則最終的外送服務最佳設置地點為何？

從「小明速食外送店」的學習活動中，我們可以發現非監督式學習是將特徵值相似的資料歸在同一群。資料之間的特徵值愈相近，分群的結果愈好。而且，分群的過程可視為機器對資料做自動化標註，只是標記的是資料所屬的群組，並非自動產生每筆資料的名稱。非監督式學習的最大優點是可以幫助我們從未知的資料，自動建立每筆資料之間的關聯性，省去標記資料的時間與人力。

強化式學習

強化式學習（Reinforcement Learning）是機器自動依據每次行為結果重複學習的方法。強化式學習源自於心理學行為學派的「學習」觀點，行為學派認為人類的學習是刺激與環境互動的連結，若我們表現某種行為所得到的結果是令人喜愛或認同的，則該行為再次發生的可能性會提高，而具有增強某行為強度與發生機率的事物稱為增強物（Reward）。例如：小明在學校作業評量優等，考試成績優異，獲得學校頒發的獎學金（Reward），獎學金就是增強我們繼續認真學習的增強物。

圖 2-22、強化式學習真人版概念圖

同樣地，機器會自動依據每次行動的增強結果，反覆嘗試並調整下次的行動，以獲取最佳結果，達到最終預期的目標。強化式學習經常應用在下棋、遊戲、機器人等，最為人所熟知的AlphaGo就是藉著強化式學習打敗世界棋王。

下面以機器人尋寶遊戲的示例來說明強化式學習，並帶入強化式學習中的重要名詞。此遊戲的目標（Target）是讓機器人（Agent）

避開火堆找到寶藏。在這當中，由12個方塊所建構的地圖，稱之為環境（Enviroment），是機器人行動的範圍。灰色方塊是機器人可以行走的路徑，深灰色方塊是機器人無法穿越的障礙物，機器人每一次的移動方式（Action）可以是往上、往下、往左、往右。移動後的位置是機器人目前的狀態（State），例如機器人在（X,Y）方塊上。在機器人找到寶藏或碰到火堆之前，每移動一次就得到相對應的積分獎勵（Reward）-1，當碰到火堆時積分獎勵為-5，而找到寶藏的積分獎勵為+5。

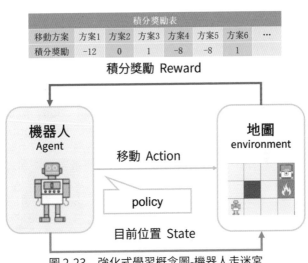

積分獎勵表						
移動方案	方案1	方案2	方案3	方案4	方案5	方案6	…
積分獎勵	-12	0	1	-8	-8	1	

積分獎勵 Reward

圖 2-23、強化式學習概念圖-機器人走迷宮

　若機器人在尋找寶藏的過程中找到寶藏，或者遇到火堆，則這一回合（Episode）的尋寶遊戲就算結束。重複多回合的尋寶經驗，機器人會根據每回合經驗所獲得的獎勵不一樣，運用強化式學習機制，讓自己在未來的回合中，選擇最佳的移動策略（Policy），得到最大的獎勵，例如：機器人會嘗試各種移動策略，以獲取最大獎勵積分，下方呈現六種移動策略圖示，機器人在經過多回合的學習後， 會採取策略C或E尋找寶藏（獎勵積分最高值）。

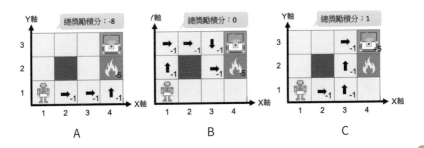

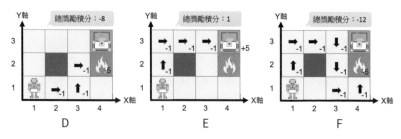

圖2-24、機器人移動策略

【學習活動】強化式學習影片欣賞

　　強化式學習應用廣泛，接下來請掃描QR-code，欣賞有關於強化式學習的概念影片（https://www.youtube.com/watch?v=eRwTbRtnT1I&t=130s），影片中的自動駕駛車經由強化式學習，在車輛行進時能採取最佳策略，使其行進路徑能與真人駕駛的行為無異。

影片來源：
https://www.youtube.com/watch?v=eRwTbRtnT1I&t=130s

動動腦

　　請你依據影片，將正確答案的阿拉伯數字填入強化學習概念圖的【　】空格中。

1. 鄉村道路
2. 自駕車
3. 直線或轉向狀態
4. 行駛公里數
5. 調整行車速度或方向盤角度

　　在經過以上的介紹後，相信大家對機器學習的技術已經有了基本的認識，人的學習來自「經驗」，機器的學習來自「資料」，所有機器學習方法的共通點是都需要大量的資料，最大的差異是監督式學習必須提供答案給機器進行學習；非監督式學習與強化式學習只需要學

習資料,機器就會自動進行學習。其次,問題類型會決定我們所使用的機器學習方法,監督式學習適用處理分類與回歸問題,非監督式學習適用於處理分群問題,強化式學習適用於解決控制和預測問題,各類問題的解決流程不盡相同,故進行機器學習之前的首要步驟是「問題解析」,接著才能進行學習資料的蒐集,選用正確訓練模型的演算法,讓機器學習達成事半功倍之效,以下呈現機器學習的三種方法概念圖。

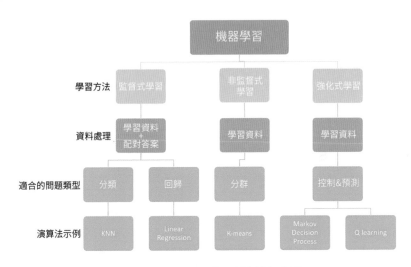

圖 2-25、機器學習的三種方法概念圖

【學習活動】強化式學習
參考答案

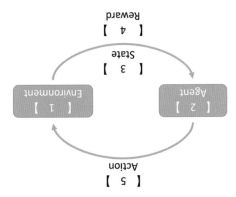

第3節 類神經網路與深度學習

人工智慧是一門令人感到新奇的學問，其研究發展包含機器學習，機器學習是透過大量的資料進行模型的訓練學習，再做推論、預測、及分類等，其中類神經網路（Artificial Neural Network）是機器學習理論中的關鍵角色，扮演了從機器學習到深度學習（Deep Learning）發展的重要推手。

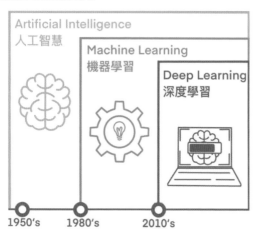

圖2-26、機器學習、深度學習關係示意圖

早在1872年，義大利醫生卡米洛‧高基（Camillo Golgi）就開始研究神經細胞，並和桑地牙哥‧拉蒙卡哈（Santiago Ramón y Cajal）在1906年以神經系統研究獲得諾貝爾生理醫學獎。到了1950年，人工智慧的議題被廣泛討論，神經網路的研究被帶入人工智慧領域，陸續有科學家發展出以類神經網路為架構的模型系統，其中弗蘭克‧羅森布拉特（Frank Rosenblatt）在1957年發明了感知器（Perceptron），可以做到基礎的邏輯推論（AND、OR、NOT等），被視為簡單的線性分類器，但解決問題時的效益不彰，減緩了大部分學者對類神經網路的研究熱情，而少數科學家則嘗試使用統計學、機率學等方法建立更成熟的類神經網路系統，以解決生活中的非線性問題。

隨著1986年傑佛瑞‧埃弗里斯特‧辛頓（Geoffrey Everest Hinton）提出運用「反向傳播（Backpropagation，簡稱BP）」演算法來訓練類神經網路，讓當代學者眼睛為之一亮，機器學習理論中的類神經網路技術被廣泛討論，發展成為了「深度學習」；而以類神經網路為架構的人工神經網路（Artificial Neural network，簡稱ANN）、

卷積神經網路（Convolutional Neural Network，簡稱CNN）、循環神經網路（Recurrent Neural Network，簡稱RNN）系統都是深度學習的重要內涵。

知識大補帖

　　傑佛瑞·埃弗里斯特·辛頓（Geoffrey Everest Hinton）是引領人工智慧進入深度學習時代的領袖人物，他的研究未曾停歇，在2017年10月人工智慧「神經訊息處理系統大會（Conference on Neural Information Processing Systems）」中又提出了全新的神經網路架構—膠囊網路（CapsNet），發表《膠囊之間的動態路由》（Dynamic Routing Between Capsules）論文，推翻了自己過去對於深度網路的研究。或許「膠囊網路」概念仍在萌芽時期，但說不定「打掉重來」後，「深度學習之父」辛頓將再次顛覆人工智慧的發展與未來！（科學Online 2020）

類神經網路

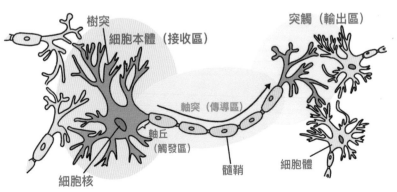

圖 2-27、典型神經元結構示意圖

　　類神經網路是仿造人類生物神經元運作的應用，生物神經元是如何運作的呢？

　　當人類接收到刺激時，是透過神經元進行訊息的傳遞。單一個神經元的構造包括樹突、細胞體、軸突、髓鞘、突觸等，當刺激來臨時，訊息由樹突傳入到細胞本體（此段為接收區），細胞本體內將接收到的訊息整合，軸丘（位於細胞本體和軸突間）激發神經衝動反應（觸發區），再經由軸突（傳導區）傳遞神經衝動的訊息到突觸（輸出區），並藉由突觸傳遞神經物質到下一個神經元，成為下一個神經元的輸入訊息。而電腦的類神經網路即依據此種模式而建立，如下圖，可簡單分為三部份，相關說明如下：

　　輸入層（Input Layer）： 由一或多個節點組成，每個節點視為一個輸入變數，在類神經網路架構中提供訊息輸入。

　　輸出層（Output Layer）： 由一或多個節點組成，每個節點視為一個輸出變數，節點個數依需求內容而定，在類神經網路架構中作為訊息輸出。

　　隱藏層（Hidden Layer）： 介於輸入層與輸出層之間，層數及每一層內的節點個數視需求而定，每一個節點接受前一層與之相連結的神經元刺激，轉換數值並採用非線性函數運算，傳遞至下一層，是類神經網路架構的重要部分。

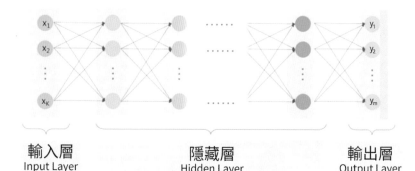

圖 2-28、類神經網路架構圖

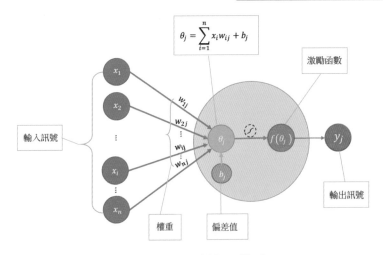

$$\theta_j = \sum_{i=1}^{n} x_i w_{ij} + b_j$$

圖 2-29、單一神經元模型

在了解類神經網路整體架構後,我們針對單一神經元的數學模型來做說明,其運作原理是對神經元輸入一個或多個數值,將輸入數值與相對應的權重相乘後加總,加上偏差值,再經過激勵函數的計算,得到輸出值。各名詞簡要說明如下:

- **輸入值(input):** 傳入的訊息,以 x_1、x_2、x_3⋯ x_n表示,有時會進行標準化步驟,使其數值介於0到1或-1到1的區間中。

- **權重(weight):** 輸入值和神經元的連結,以 w_1、w_2、w_3⋯ w_n表示,其數值反應輸入值對神經元的影響及重要程度,通常介於-1到1之間。若權重值愈大,則代表對類神經網路的影響程度大,調整權重值的大小即為訓練類神經網路的學習方法。

- **偏差值(bias):** 可視為該神經元的初始狀態,又被稱為閾值(threshold),用來調節神經元的輸入刺激強度。

- **激勵函數(activation function):** 將神經元所接收到刺激數值使用非線性方程式進行轉換的一種映射(mapping)規則,常見的激勵函數有Sigmoid (邏輯函數)、TanH (雙曲正切函數)、ReLU (Rectified Linear Unit,線性整流函數)三種,詳見下頁說明。

- **輸出值(output):** 以 y_1、y_2、y_3⋯ y_n表示,其輸出數值通常表示事件發生機率 (介於0-1之間)。

知識大補帖

　　在現實生活中很多問題或現象都是「非線性」、影響程度不一的，在類神經網路中，主要是使用非線性方程式的激勵函數，解決非線性問題，如果沒有使用非線性的激勵函數，則在類神經網路的架構中，隱藏層的輸入輸出只存在線性關係，類神經網路的訓練很難「有所為」，訓練出的模型也無法達到人類神經元運作的方式。

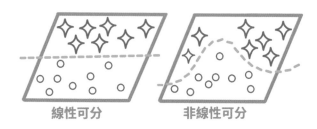

線性可分　　　　　　　　非線性可分

激勵函數	Sigmoid (邏輯函數)	TanH (雙曲正切函數)	ReLU (線性整流函數)
公式	$f(x) = \dfrac{1}{1+e^{-x}}$	$f(x) = \dfrac{2}{1+e^{-2x}} - 1$	$f(x) = \begin{cases} 0 & \text{for } x < 0 \\ x & \text{for } x \geq 0 \end{cases}$
圖表	$f(x)=\frac{1}{1+e^{-x}}$	$f(x)=\frac{2}{1+e^{-2x}}-1$	$f(x)=\begin{cases}0 & \text{for } x<0 \\ x & \text{for } x\geq0\end{cases}$
運算數值參考	$x=-5$　$f(x)=0.0067$ $x=-1$　$f(x)=0.2689$ $x=0$　$f(x)=0.5$ $x=1$　$f(x)=0.7311$ $x=5$　$f(x)=0.9933$	$x=-5$　$f(x)=-0.9999$ $x=-1$　$f(x)=-0.7616$ $x=0$　$f(x)=0$ $x=1$　$f(x)=0.7616$ $x=5$　$f(x)=0.9999$	$x=-5$　$f(x)=0$ $x=-1$　$f(x)=0$ $x=0$　$f(x)=0$ $x=1$　$f(x)=1$ $x=5$　$f(x)=5$

　　類神經網路訓練時常使用Sigmoid、tanH、ReLU (Rectified linear unit)等非線性的轉換公式，在深度神經網路中，不同的情境可能會有各自適合的函數。

我們試著以生活中的數學應用情境（段考成績是否及格的判斷）來說明單一神經元的參數設定及學習運作過程。

圖2-30、運用單一神經元架構判斷
段考成績是否及格之流程圖

步驟一、輸入值確認

確定n個輸入值$(x_1, x_2, \ldots, x_n)$的數值。

範例中，五科成績（五個輸入值）分別為：國文60分、英文70分、數學90分、自然80分、社會50分。

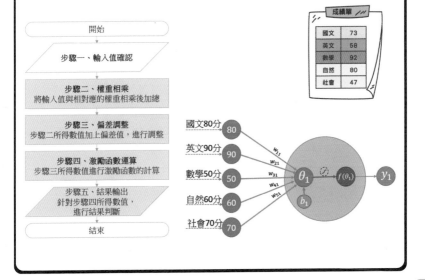

步驟二、權重相乘

將輸入值與相對應的權重相乘後加總。

在科科等值的情況下,各科的權重值皆設為1,將五科分數各乘上權重後相加,得到總分為350分。

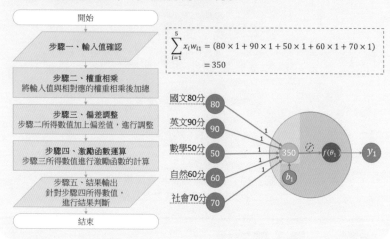

$$\sum_{i=1}^{5} x_i w_{i1} = (80 \times 1 + 90 \times 1 + 50 \times 1 + 60 \times 1 + 70 \times 1)$$
$$= 350$$

步驟三、偏差調整

將步驟而二所得數值加上偏差值進行調整。

因單科及格標準是60分,五科及格需要的總分是300分(60x5=300),故設定偏差值為(-300)分。

將總分350分加上偏差值(-300)分,得到50分。

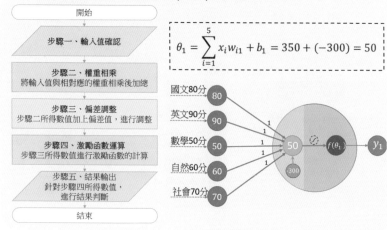

$$\theta_1 = \sum_{i=1}^{5} x_i w_{i1} + b_1 = 350 + (-300) = 50$$

步驟四、激勵函數運算

將步驟三所得數值作為激勵函數之輸入。

此處使用Binary Step激勵函數，並以步驟三所得數值50作為輸入值，因50≥0故得到該神經元的激勵函數輸出值為1。

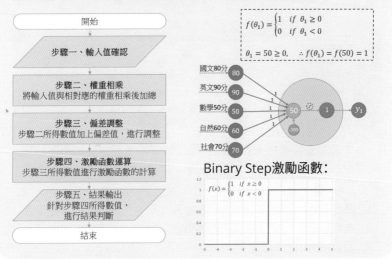

Binary Step激勵函數：

步驟五、結果輸出

針對結果進行判斷。

此範例中，最後得到的輸出值分為兩種定義：若輸出值大於或等於0，則代表段考平均及格，反之則為不及格。因步驟四輸出數值為1，故我們判斷該生段考平均結果為「及格」。

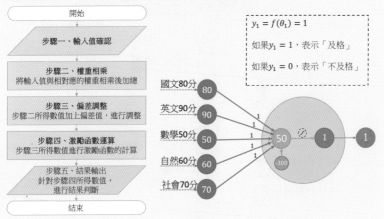

【學習活動】類神經網路與生物神經的關係對照

當我們理解了生物神經元的運作方式，並嘗試用數學模型來說明類神經網路是如何模仿生物神經系統的運作，其概念呈現如下：

關係對照			
生物神經	接收區（樹突）	觸發區（軸丘）傳導區（軸突）	輸出區（突觸）
類神經網路（數學模型）	輸入層（輸入值）	隱藏層（權重相乘、偏差調整、激勵函數運算）	輸出層（輸出值）

下頁是生物神經元示意圖，現在想將段考成績及格判斷的類神經網路單一神經元架構與之對照，請將1~7選項填入對應的空格。

1. 國文80分　　　2. 英文90分　　　3. 數學50分
4. 自然60分　　　5. 社會70分　　　6. 激勵函數 $f(\theta_j)$
7. 及格/不及格與否

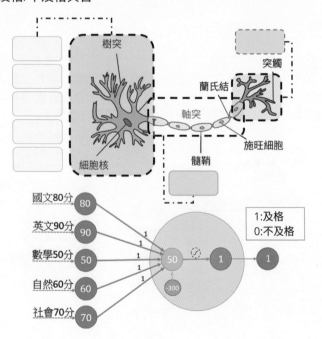

在類神經網路的架構中，如果輸入值的範圍差異過大，會影響模型訓練的效果。舉例來說，如果想要透過一整學年的平時小考成績來做段考成績預測，輸入的資料值為小考成績分數，但在每次小考成績的滿分不一定是100分的情況下，若未將小考分數標準化，78分在推論上應該比48分優秀；但若小考分數經過標準化程序，48分（滿分為50分）會比78分（滿分100分）在推論上優秀，其預測結果正確性更為準確。因此將輸入數值進行標準化的資料前處理，有助於提升被訓練的模型準確度。資料標準化方法是將資料按比例縮放調整，使其落使其落在某個特定區間內，常見的處理方式是將原始資料的最大值及最小值對應至區間[0, 1]，公式為：

$$新資料數值 = \frac{（原始資料 - 資料最小值）}{（資料最大值 - 資料最小值）}$$

我們在前面使用單一神經元的運作方式呈現了如何判斷段考平均是否及格，但是輸入值(X_1, X_2, X_3, X_4, X_5)尚未進行「標準化」步驟，因此在此處我們可將每個分數除上100（資料最大值100-資料最小值0），使其落在0到1的區間，接著再放進輸入節點，呈現如下圖：

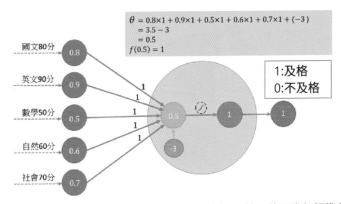

圖 2-31、判斷段考平均是否及格的單一神經元(輸入值已進行標準化)

為了解決更複雜的問題，單一神經元可以擴展成簡單的單層類神經網路，在單一隱藏層中的神經元個數可以有一個至多個，藉由權重與偏差值的參數調整，得到不同輸出值。舉例來說，我們將「判斷段考平均是否及格」的單一神經元擴展為隱藏層中有五個神經元節點，並輸出五個輸出值，用以處理「段考平均等第判斷」的情境問題 (五種等第的機率)，呈現如下圖：

為符合問題解決，此範例中我們採用的激勵函數是高斯函數：e^{-x^2}

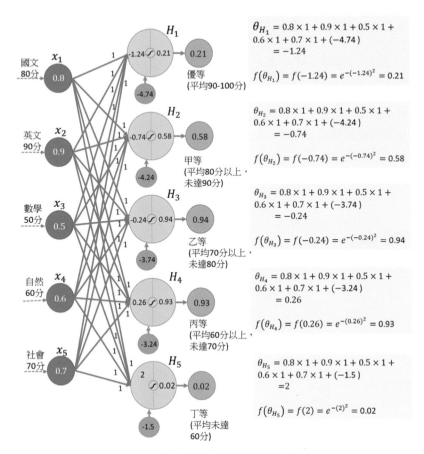

圖 2-32、判斷段考平均等第的多個神經元

　　當要解決的問題愈趨複雜，可以透過增加隱藏層數和各隱藏層的神經元個數來解決，也就是**深度類神經網路的架構**，而隱藏層的深度及神經元個數依據問題需求而定，但須注意的是當層數愈複雜，程式計算就愈複雜，需要有強大的電腦運算能力來加以支撐。舉例來說，當我們想要透過多層類神經網路來推導「學生的升學性向建議」，此時的輸入資料可能是性別特徵、家庭環境、口語表達、領導能力、邏輯推理、創造能力、空間幾何等特徵，經過隱藏層的推論，在輸出層呈現各種科系的建議係數，概念圖呈現如下頁圖：

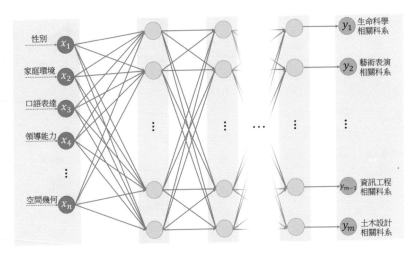

圖 2-33、學生升學性向建議的多層神經元架構示意圖

在多層類神經網路的架構中，若前後層的神經元皆互相連結，則稱為全連接神經網路（Fully Connected Neural Network）；若前後層的兩個神經元鏈結權重為 0，則表示兩個神經元間沒有關聯性。至今，類神經網路已發展出多種不同的架構，應用在影像辨識、語音辨識等不同的問題解決層面，人工智慧的發展進入了新的里程碑。

深度學習

在類神經網路架構中，每一層的**神經元數量**、各層神經元之間的**鏈結權重**、及**激勵函數**的類型等設定，對類神經網路的學習表現都有著很重要的影響。複雜的多層類神經網路由於具有較多可調整的權重，機器可以達到更精準地預測，故深度學習（深度類神經網路，Deep Neural Network，簡稱DNN）成為了現階段人工智慧很重要的技術。然而，多層的類神經網路需要極其大量的運算以獲得其權重數值，為了將計算速度加快，「正向傳播」與「反向傳播」演算法被提出，以較快速度找到最佳的權重、偏差值等參數設定，進而達到優化類神經網路的模型。

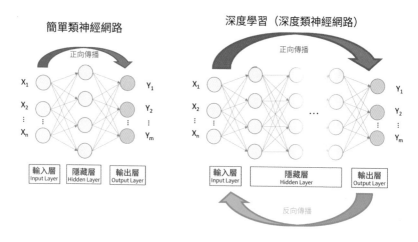

圖 2-34、類神經網路與深度學習概念圖

深度學習中的「正向傳播」及「反向傳播」的概念如下，

正向傳播： 從輸入層往輸出層的方向進行，將資料放入類神經網路的輸入層中，經由隱藏層中的神經元計算推導，最後產出預測的結果。

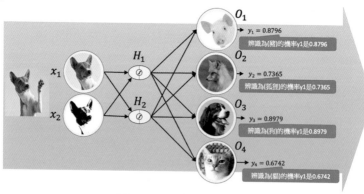

圖 2-35、正向傳播示意圖

反向傳播： 從輸出層往輸入層的方向進行，利用誤差值計算輸出層的損失函數（Loss Function），並透過隨機梯度下降法（Stochastic Gradient Descent，簡稱SGD）層層的反向計算，推導出神經元的響應誤差值，藉以更新每個權重值，達到模型的優化。

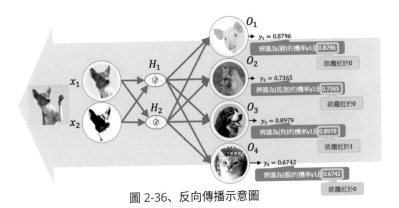

圖 2-36、反向傳播示意圖

知識大補帖

● 梯度下降法的使用目的是想找到一個函數$f(x)$的局部最小值。

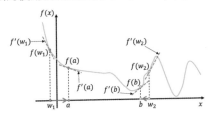

觀察上圖函數$f(x)$在w_1點及w_2點的情況。

當$x = w_1$時，切線斜率$f'(w_1)$為負值，要找出比$f(w_1)$小的值則需要往w_1的右邊移動(往橫軸的正向移動)到a點，使得$f(a) \leq f(w_1)$。

當$x = w_2$時，切線斜率$f'(w_2)$為正值，要找出比$f(w_2)$小的值則需要往w_2的左邊移動(往橫軸的負向移動)到b點，使得$f(b) \leq f(w_2)$。

梯度下降法的精神是經由重複計算x點的切線斜率$f'(x)$並調整移動至新的x點，期望能順利收斂得到$f(x)$函數的局部最小值。

在梯度下降法中，每一次從原本的點x移動到新的x_{new}點的距離公式為 $\alpha \times f'(x)$，找到新的x_{new}點公式為：$x_{new} = w - \alpha \times f'(x)$，其中$\alpha$是學習速率，用以調整移動距離的比例，通常介於 0 和 1 的區間，而$f'(x)$則是函數$f(x)$在x點時的切線斜率，可經由微分求得。

- **梯度下降法實作範例**

有一函數為 $y = f(x) = \frac{1}{5} \cdot (x - 20)^2 + 3$，預設初始點 $x_0 = 15$ 學習率 $\alpha = 0.8$。

請使用梯度下降法重複計算 5 次，觀察 y 值的狀態是否趨近最小值。

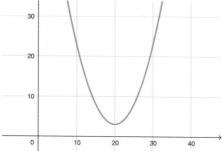

切點斜率：$f'(x) = \frac{\partial y}{\partial x}\left(\frac{1}{5}(x-20)^2 + 3\right) = 0.4x - 8$

移動距離：$\alpha \times f'(x) = 0.8 \times (0.4x - 8) = 0.32x - 6.4$

每次得到新的 x_{new} 點：

$$x_{new} = x - \alpha \times f'(x) = x - (0.32x - 6.4) = 0.68x + 6.4$$

	初始設定	第 1 次計算	第 2 次計算	第 3 次計算	第 4 次計算	第 5 次計算
x	15	16.6	17.688	18.42784	18.93093	19.27303
$f(x)$	8	5.312	4.069069	3.494337	3.228582	3.105696
切點斜率 $f'(x)$ $(0.4x - 8)$	-2	-1.36	-0.9248	-0.62886	-0.42763	-0.29079
移動距離 $(0.32x - 6.4)$	-1.6	-1.088	-0.73984	-0.50309	-0.3421	-0.23263
新的 x 點 $(0.68x + 6.4)$	16.6	17.688	18.42784	18.93093	19.27303	19.50566

想一想：經過梯度下降法的計算，每次新得到的 $f(x)$ 數值是否愈來愈趨近上圖中的最低點呢？

　　接著，我們試著透過深度神經網路的運作方式來理解「正向傳播」與「反向傳播」演算法的運作方式。

　　深度類神經網路的運作流程圖如下：

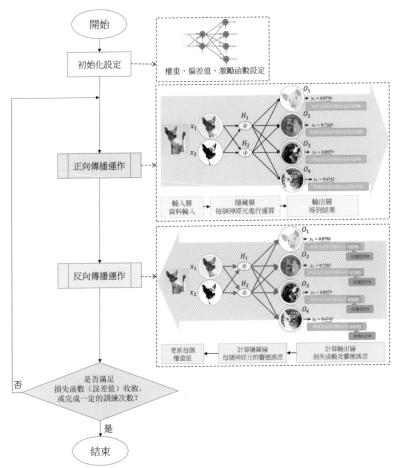

圖 2-37、深度類神經網路演算法流程圖

　　以下以類神經網路架構(單層隱藏層)為例進行正向傳播及反向傳播的操作示範，架構如下圖，輸入層有兩個輸入值(x_1，x_2)，隱藏層包含兩個神經元H_1、H_2，輸出層包含四個神經元O_1、O_2、O_3、O_4，分別輸出四個輸出值(y_1，y_2，y_3，y_4)，而期望輸出值是(0，0，1，0)，在反向傳播進行權重修正時，預設學習率(Learning Rate)α是 0.5。詳細計算流程敬請參閱附錄二。

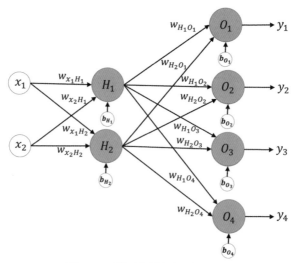

圖 2-38、單層類神經網路示意圖

步驟一、初始化設定

進行所有權重值、偏差值的初始設定，決定激勵函數。

該示例的權重值、偏差值預設如右圖，並使用Sigmoid函數作為激勵函數。

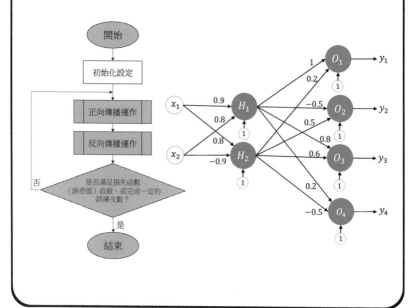

步驟二、正向傳播運作

將輸入層的輸入值往輸出層的方向傳遞運算，計算出所有神經元的輸出值，在輸出層得到最後的輸出數值。

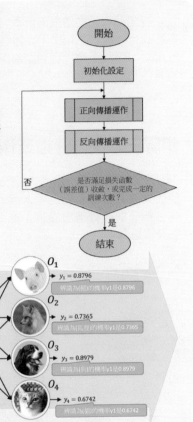

以上圖為例，其輸入層、隱藏層和輸出層的說明如下：

● 輸入層：將狗的照片提取特徵屬性作為輸入值（$x_1 = 0.8$、$x_2 = -0.3$）。

● 隱藏層：進行神經元的運算。將每個神經元的輸入值與相對應的權重值相乘後加總，並加上偏差值，接著進行 Sigmoid 激勵函數的計算，得到該神經元的運算結果輸出值。

● 輸出層：所有神經元計算完成，傳遞數值至輸出層輸出結果。如上圖呈現，輸出結果(y_1, y_2, y_3, y_4)=(0.8796, 0.7366, 0.8979, 0.6742)，即表示根據輸入的判斷為豬的機率為 0.8796、狐狸的機率為 0.7366、狗的機率為 0.8979、貓的機率為 0.6742。

經由此次正向傳播的計算，照片上的動物判斷為豬與狗的機率皆高達八成，不相上下，接著我們要使用反向傳播演算法去調整權重，讓此張照片可判斷為狗的機率上升，同時也要降低判斷為其他動物的機率。

步驟三、反向傳播運作

計算出真實輸出值和期望輸出值的誤差，由輸出層往輸入層的方向進行反向運算得出誤差，進而調整更權重數值。

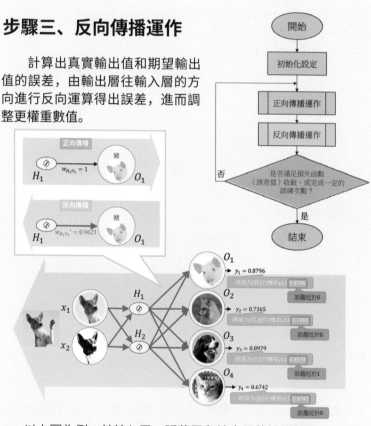

以上圖為例，其輸入層、隱藏層和輸出層的說明如下：

●**輸出層：** 計算出真實輸出值和期望輸出值的誤差及損失函數，使用梯度下降法推算出輸出層中各個神經元的響應誤差，並將響應誤差數值往隱藏層傳遞。

●**隱藏層：** 計算隱藏層中每一個神經元的響應誤差值，並依據響應誤差值調整神經元間的鏈結權重值。

●**輸入層：** 在反向傳播演算法計算時，輸入層不需調整。

步驟四、重複執行正向傳播與反向傳播演算法

重複執行正向傳播與反向傳播演算法，直到輸出層的損失函數數值收斂到夠小，或完成一定次數的訓練。

以步驟一的類神經網路架構圖為例，重複執行正向傳播與反向傳播演算法的計算，呈現第1～20次訓練的損失函數數值如下表，損失函數的值越來越小，即訓練越來越符合期望的狀態。

假設我們設定訓練的停止條件為「損失函數數值小於0.1」或「訓練次數至多20次」，則在訓練第15次後即可完成訓練（損失函數數值為0.0987，小於設定的條件值0.1）。

但若我們期將訓練的停止條件設定為「損失函數數值小於0.05」或「訓練次數至多20次」，則訓練將在第20次後完成（損失函數數值為0.0663，未達0.05目標，但已完成20次的訓練，故符合結束條件）。

次數	損失函數數值	次數	損失函數數值	次數	損失函數數值	次數	損失函數數值
1	0.2227	6	0.1754	11	0.1302	16	0.0915
2	0.2135	7	0.166	12	0.1219	17	0.0846
3	0.2041	8	0.1567	13	0.1139	18	0.0781
4	0.1946	9	0.1476	14	0.1061	19	0.072
5	0.185	10	0.1388	15	0.0987	20	0.0663

若你想進一步了解正向傳播與反向傳播演算法的詳細運算流程，敬請參考附錄二。

知識大補帖

深度學習中的類神經網路是如何運作的呢？Google有部影片（https://www.youtube.com/watch?v=ILsA4nyG7I0），可以提供給你參考。

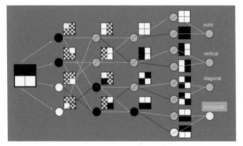 

影片中說明深度類神經網路運作的原理，包含輸入與權重值的計算加總、激勵函數的應用，最後得到的各種狀況的機率值，也介紹了類神經網路如何更新調整權重值，能夠幫助我們更了解深度學習裡的類神經網路運作方式。

為了能更清楚的理解正向傳播和反向傳播的運作方式，現在讓我們透過Google tensorflow 遊樂場的操作來練習，中間的運算過程交給網站實作，我們只需自行設計多層類神經網路的架構，並觀察多層類神經網路在神經元個數及訓練次數等參數不同的情況下，會得到怎樣的結果。

【學習活動】TensorFlow 遊樂場

Tensorflow遊樂場是一個類神經網路運作的圖形化操作實驗平台，假設我們想要解決一個資料分類問題，先進行資料集的選擇，接著在平台上調整下列步驟：

1.設定資料集分布情形（例如：訓練與測試數量的比率、噪音比率）

2. 設定參數（例如：學習率數值設定、激勵函數的選擇）

3. 建置神經網路的特徵向量及隱藏層的架構（例如：隱藏層的層數變化及神經元個數的調整）

4. 執行訓練，並透過結果輸出區檢視訓練成果。

在上述步驟中，我們能從中觀察類神經網路的運作過程（http://playground.tensorflow.org/），更理解深度學習的意涵。

壹、活動說明

TensorFlow的簡要界面說明如下：

1.訓練控制區：可操控逐步訓練或是持續訓練，也可以重置訓練，並呈現目前的訓練週期數。

2.參數選擇區：設定學習率、激勵函數、正則化等參數，並決定想訓練的問題類型(分類問題或回歸問題)。

3.資料集設定區：當我們決定好要訓練的問題類型後，在資料設定的部分，則可以選取資料集的樣態，並調整訓練與測試資料的比例、噪音(雜訊)的比例、以及批次處理的資料量大小，當資料設定想要進行改變時，也可以重新拉取橫桿調整，並按下重新產生鈕，重新產生資料集。

4.神經網路區：在畫面正中間的區域，則是多層類神經網路的選項操作，我們可以選擇輸入的特徵(圖中顯示有7種特徵可選擇)，並透過 + 、 - 按鈕增加或減少隱藏層的層數，也可以對每一個隱藏層中的神經元個數做調整。

5.結果輸出區：開始訓練後，結果輸出區會持續更新訓練的狀態，提供我們觀察訓練的結果為何，並同時呈現訓練損失數值。

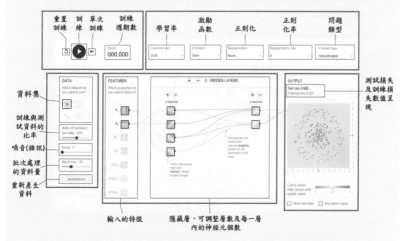

現在請你試著按照題目設定的要求，觀察以下幾件事。

實驗	畫面操作示意圖	
	設定要求	訓練300次，觀察思考

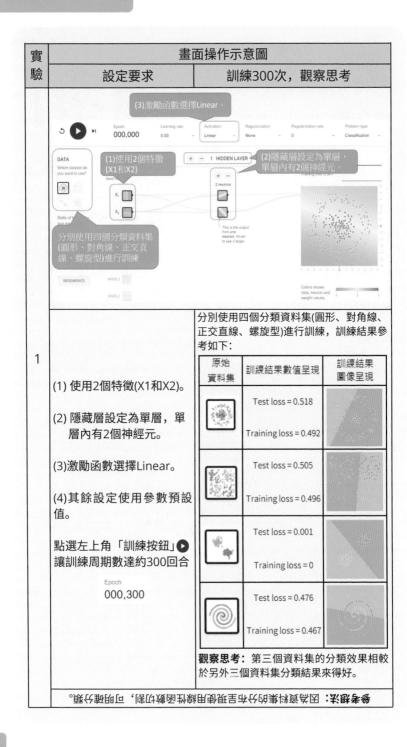

(3)激勵函數選擇Linear。

(1)使用2個特徵(X1和X2)

(2)隱藏層設定為單層，單層內有2個神經元。

分別使用四個分類資料集(圓形、對角線、正交直線、螺旋型)進行訓練

1

(1) 使用2個特徵(X1和X2)。

(2) 隱藏層設定為單層，單層內有2個神經元。

(3)激勵函數選擇Linear。

(4)其餘設定使用參數預設值。

點選左上角「訓練按鈕」讓訓練周期數達約300回合

Epoch
000,300

分別使用四個分類資料集(圓形、對角線、正交直線、螺旋型)進行訓練，訓練結果參考如下：

原始資料集	訓練結果數值呈現	訓練結果圖像呈現
	Test loss = 0.518 Training loss = 0.492	
	Test loss = 0.505 Training loss = 0.496	
	Test loss = 0.001 Training loss = 0	
	Test loss = 0.476 Training loss = 0.467	

觀察思考： 第三個資料集的分類效果相較於另外三個資料集分類結果來得好。

參考解答：圖為資料集的分布方式，若能由直線條圖像切割，可明顯達分類。

實 驗	畫面操作示意圖	
	設定要求	訓練300次，觀察思考

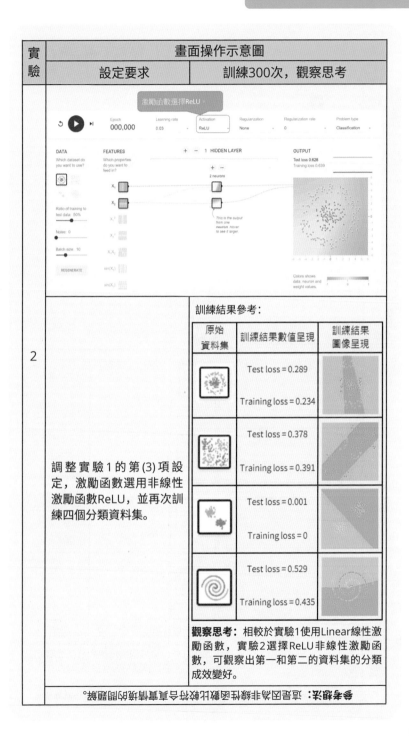

訓練結果參考：

原始 資料集	訓練結果數值呈現	訓練結果 圖像呈現
	Test loss = 0.289 Training loss = 0.234	
	Test loss = 0.378 Training loss = 0.391	
	Test loss = 0.001 Training loss = 0	
	Test loss = 0.529 Training loss = 0.435	

2

調整實驗1的第(3)項設定，激勵函數選用非線性激勵函數ReLU，並再次訓練四個分類資料集。

觀察思考： 相較於實驗1使用Linear線性激勵函數，實驗2選擇ReLU非線性激勵函數，可觀察出第一和第二的資料集的分類成效變好。

參考答案：這看見使用非線性激勵化後對於直線無法切割的問題處理。

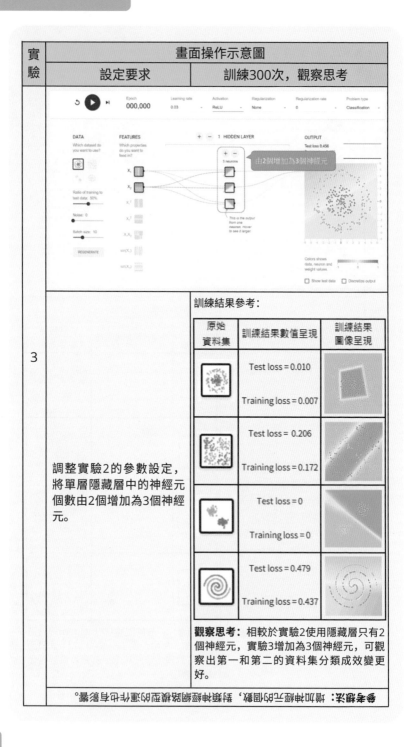

實驗	畫面操作示意圖	
	設定要求	訓練300次，觀察思考

訓練結果參考:

原始資料集	訓練結果數值呈現	訓練結果圖像呈現
	Test loss = 0.010 Training loss = 0.007	
	Test loss = 0.206 Training loss = 0.172	
	Test loss = 0 Training loss = 0	
	Test loss = 0.479 Training loss = 0.437	

實驗 3

調整實驗2的參數設定，將單層隱藏層中的神經元個數由2個增加為3個神經元。

觀察思考: 相較於實驗2使用隱藏層只有2個神經元，實驗3增加為3個神經元，可觀察出第一和第二的資料集分類成效變更好。

參考結果: 增加神經網路的個數，能讓神經網路擁有更強大的運作及分類效能。

實驗	畫面操作示意圖	
	設定要求	訓練300次，觀察思考

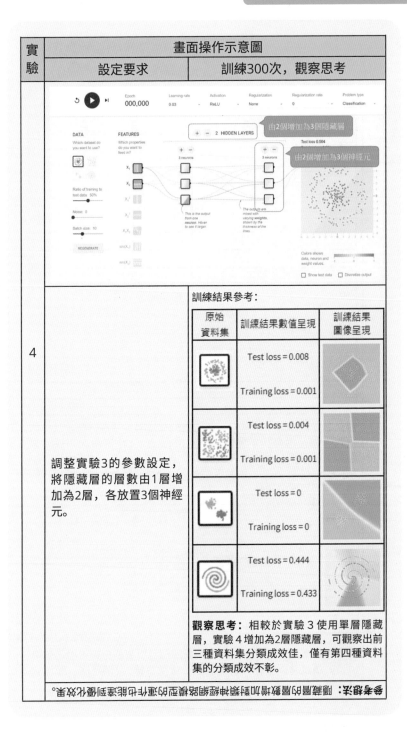

訓練結果參考：

原始資料集	訓練結果數值呈現	訓練結果圖像呈現
	Test loss = 0.008 Training loss = 0.001	
	Test loss = 0.004 Training loss = 0.001	
	Test loss = 0 Training loss = 0	
	Test loss = 0.444 Training loss = 0.433	

觀察思考： 相較於實驗3使用單層隱藏層，實驗4增加為2層隱藏層，可觀察出前三種資料集分類成效佳，僅有第四種資料集的分類成效不彰。

（實驗序號 4）

調整實驗3的參數設定，將隱藏層的層數由1層增加為2層，各放置3個神經元。

參考結論：隨著層數的增加神經網路捕捉到的運作也能達到更佳的效果。

實驗	設定要求‧畫面操作示意圖
5	以實驗4的參數設定環境,針對第2種分類資料集進行多次訓練,並觀察訓練結果。訓練結果範例如下: 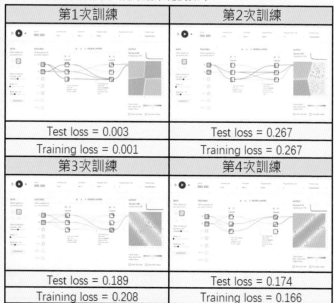 **觀察思考:** 這四次訓練中,測試資料都是同一個資料集,且參數設定一致,僅有按「重置訓練」按鈕 ↺ 。在這四次訓練結果中,可觀察到分類結果不盡相同,且測試損失(Test loss)和訓練損失(Training loss)數值差異頗大,除分類結果差異外,神經元的特徵圖形也有所改變。
6	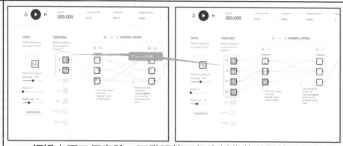 經過上面五個實驗,可發現第四個資料集的分類效果仍有待加強。請試著調整輸入特徵個數,從原本輸入2個特徵,增加到最多輸入7個特徵,觀察結果是否有所差異。

實驗	設定要求
7	請試著調整各種參數，例如：學習率、激勵函數、隱藏層層數、神經元個數、噪音（雜訊）等，觀察整個神經元網路模型運作時的狀態，有何差異。

　　深度學習的深度神經網路 (DNN) 模型運作至此已大致說明完畢，而後專家學者以此為基礎，發展出CNN、RNN等神經網路模型，讓人工智慧下的深度學習技術有更多的活用與影響。

　　經過本章的探討，希望能讓你對人工智慧智慧的技術及運作能有基本的認識，下圖為人工智慧關係示意圖。人工智慧是將人類知識與規則透過程式執行，讓電腦針對問題做出決策；人工智慧技術的分支之一「機器學習」，是先由人工進行資料前處理，再將已處理的資料輸入電腦，結合演算法進行學習，建立模型，針對問題做出預測與分類；而近代崛起的「深度學習」則是機器學習的延伸，將大量原始資料輸入電腦，搭配人工類神經網路演算法建立模型，針對問題做出預測與分類，不僅提高準確率與機器自我學習的能力，也讓電腦在解決人類生活問題時，更符合人類的期待。

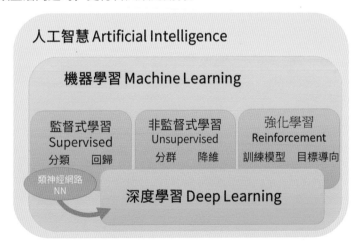

圖 2-39、人工智慧關係示意圖
（圖片參考自芮嘉瑋博士於2021年發表在北美智權報285期的「深度學習神經網路之運作」文章）

　　人類經由經驗學習，電腦則透過大量資料學習，而電腦學習時除了需提供大量資料，也需要本章所提及的技術與方法來實踐，在傳統人工智慧、機器學習和深度學習的發展過程中，機器學習扮演著傳承與創新的角色，而深度學習則為人工智慧開啟了新的篇章。或許你不盡然了解人工智慧的技術內涵(畢竟它涉及了資訊科學、數學、生物學等專業知識)，但冀望你對於生活中的人工智慧應用，能有一定的理解認知，與人工智慧發展同步而行。

第3章 人工智慧的應用

第1節 藝術人文創作- AI人臉秀

問題描述

小蔣即將15歲！同學們想為小蔣舉辦難忘的生日 Party，適逢老師上課探討過人工智慧Deepfake議題，介紹了「人臉合成」的程式（https://youtu.be/u-0cQ-grXBQ），同學們創意發想，決定先預錄祝賀生日的影片，並透過程式修改人臉，作為祝福小蔣生日的搞怪動畫影片。

問題解析

1. 人臉合成會使用到Deepfake技術，請試著了解何謂Deepfake。

深度造假（Deepfake），是深度學習（Deep Learning）應用在造假（Fake）的情境上，此技術可合成既有的圖像和影片，生成新的目標圖像或影片。

提示： 可以關鍵字「深度造假（Deepfake）」搜尋相關資料。

2. 要完成這個影片，需要先準備哪些素材？

提示： 影片、照片。請先行準備相關影片和照片。

3. 該如何選擇適切或合理的素材？

素材的拍攝與蒐集應注意他人的感受，尊重個人資料與隱私，勿透過數位作品對他人進行嘲笑、辱罵、騷擾、毀謗或威脅，造成對方身心靈傷害與不適。此外，素材的來源應經過當事人的同意，或有合理的授權方式（例如：創用CC），切勿從網路上擷取他人圖片或影片隨意使用。

4. 數位創作會有哪些法律問題要注意？

若作品未經原作者同意使用，易侵犯他人著作權。

若此創作造成他人身心不適，產生霸凌情事，也會有刑法與民法的問題。

提示： 可以關鍵字「智慧財產權」、「網路霸凌」搜尋相關資料。

5. 搜集了素材，可以運用哪些程式語言進行人臉合成?

程式語言分為文字式及視覺化程式語言，可依據問題與資料類型評估何種程式語言適合應用在深度學習。

提示: 可以使用關鍵字「深度造假（Deepfake）」搜尋看看。

實作流程

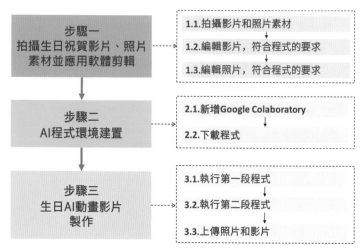

步驟一、拍攝生日祝賀影片、影像素材並應用軟體剪輯

1.1. 拍攝影片和照片素材

請拍攝相關祝賀影片，並搜尋欲合成之照片。請務必注意智慧財產權問題，使用之影片、照片需經過本人同意。

1.2. 剪輯影片，符合程式的要求

　　使用影像編輯軟體，將拍攝之原始影片和照片素材，修改為符合程式執行需要的 256*256 像素。在此我們使用 Adobe Creative Cloud Express網站做影片和照片的調整。請使用已註冊的帳號登入此網站，以方便使用此網站的影片及照片調整功能，或是可透過其他應用軟體進行影片和照片尺寸調整。

　　請點選Adobe Creative Cloud Express網站， https://www.adobe.com/tw/express/，點選上方「功能」，選取「調整影片大小」。

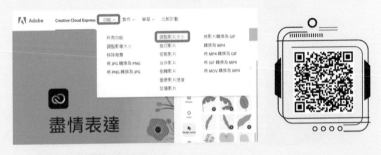

選取「上傳你的影片」。

請上傳自己的影片。

　　請調整大小為「自訂」，調整寬度與高度皆為「256」，亦可拖曳滑鼠調整影片中臉的位置，或微調影片比例，以維持臉在影片中間，調整完畢後請點選「下載」，即可儲存調整後的影片。

調整完後影片如下，尺寸大小為256 x 256像素。

apa-256x256.mp4　　haha-256x256.mp4　tien-256x256.mp4

1.3. 剪輯照片，符合程式的要求

　　使用Adobe Creative Cloud Express網站，點選上方「功能」，選取「調整影像大小」。

選取「上傳照片」。

　　請調整大小為「自訂」，調整寬度與高度皆為「256」，並請將影像中臉的位置置中，必要時可拖曳滑鼠或微調比例來做修正。調整完畢後請點選「下載」，即可儲存調整後的影像

　　調整完後影像如下，尺寸大小為256 x 256像素。

E1_256x256.png　　E2_256x256.jpeg　　T1_256x256.jpeg　　T2_256x256.jpeg

步驟二、建立模型

　　本專題使用python程式語言，在Colab環境下執行，以下說明環境建置的步驟。

2.1. 新增Google Colaboratory

　　登入個人的Google帳號，在「雲端硬碟」新增Google Colaboratory。

知識大補帖

　　若你是第一次使用Colaboratory, 請在個人的「雲端硬碟」點擊「新增」。

　　接著點擊「連結更多應用程式」。

　　在搜尋欄位輸入關鍵字「Colaboratory」, 新增應用程式。

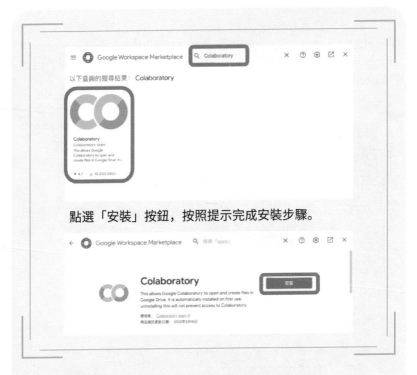

點選「安裝」按鈕，按照提示完成安裝步驟。

2.2. 下載程式

本專題程式依據「First Order Motion Model for Image Animation」的概念實作，文獻網站如下圖（https://aliaksandrsiarohin .github.io/first-order-model-website/）。

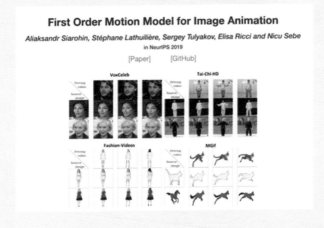

　　參考程式為GitHub上的「demo.ipynb」（程式檔案下載網址：https://github.com/AliaksandrSiarohin/first-order-model/blob/master/demo.ipynb），請掃描QRcode，並點選「Open in Colab」，便能查看程式碼。

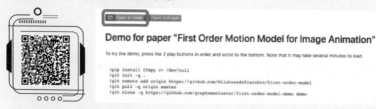

　　在Colab環境下開啟「demo.ipynb」的畫面如下圖，接著即可依循步驟三開始實作。

步驟三、生日AI動畫影片製作

3.1. 執行第一段程式

3.2. 執行第二段程式

3.3. 上傳照片和影片

　　請點選upload按鈕，上傳照片（Image）和影片（Video），並點選生成（Generate）按鈕，程式需要一點作業時間才能轉換，影片越長等待時間也將越長．

　　成果影片如下圖，可點選下載（Download）按鈕儲存修改過後的影片。

動動腦

一、結合網路搜尋、創意發想，我們可以站在資訊巨人的肩膀上欣賞AI的美，想想看，如果是你，會想將不同的照片與影片結合，運用在生活中的哪些地方呢？

二、近年來娛樂電影產業時常使用Deepfake技術，增加電影的娛樂效果，使人物更為生動及多元化。若這項技術不小心被濫用，可能會產生哪些社會議題或面臨哪些道德困境呢？

第2節 生活中的機器學習—蘋果分類

問題描述

　　假設我開了一家水果量販店，貨運公司送來1000顆蘋果，我必須在最短的時間內將蘋果分裝為蜜脆（Braeburn）、粉紅佳人（Pink Lady）、五爪（Red Delicious）等3種蘋果。如果我使用人工會有成本高、作業時間長和不一致等問題，所以我想利用電腦幫我完成這件工作。

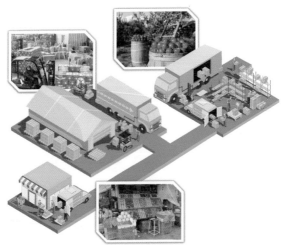

問題解析

1. 要讓電腦做到辨識蘋果的種類，應該使用哪一類型的機器學習方法呢？

　　提示： 基於第二章所學的機器學習方法，可對問題進行預測，其中監督式學習適合用於分類與回歸問題；非監督式學習適合用於分群問題；強化式學習常用於控制與流程問題。

2. 如何大量取得3種蘋果的照片？

　　要訓練電腦自動辨識，必須給予電腦大量的照片資料，可透過自己動手拍照或是利用網路資料進行訓練，但前者所花費的時間與人力成本較高，請試著搜尋網路上開放的資料集合，尋找適合的照片資料。

　　提示： 可以以關鍵字「open datasets」做搜尋找找看。

3. 有哪些機器學習的平台或軟體，可以幫助我們訓練電腦辨識不同種類的蘋果？

　　機器學習的方式有很多種，如第二章所述，若要土法煉鋼從頭寫程式，會花上很多時間成本，可利用現有網路資源，訓練電腦做學習。

提示： 可以以關鍵字「機器學習平台」做搜尋找找看。

實作流程

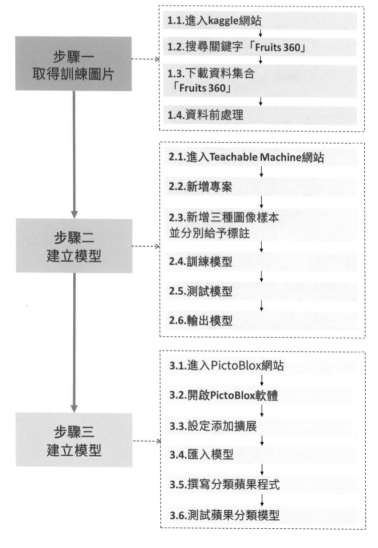

步驟一、取得訓練圖片

我們先要蒐集大量有關蘋果的資料，因為資料是機器學習的關鍵，以蘋果分類為例，目前可以從kaggle這個網站免費取得機器學習所需要的蘋果圖片。

1.1. 進入kaggle網站

kaggle網站連結：<u>https://www.kaggle.com/datasets</u>。

1.2. 搜尋關鍵字「Fruits 360」

利用kaggle的搜尋功能輸入關鍵字「Fruits 360」，可以找到本專題所使用的資料集合。

1.3. 下載資料集合「Fruits 360」

滑鼠點擊「Fruits 360」開啟資料集合，完成註冊即可下載資料集合。

1.4. 資料前處理

　　資料前處理，機器學習使用的資料包含訓練資料與測試資料，我們將下載的資料集合解壓縮，僅保留與機器學習有關圖片的資料夾，其餘刪除，如此可以確保資料的正確與品質。

> Apple Braeburn
> Apple Pink Lady
> Apple Red Delicious

步驟二、建立模型

　　模型是電腦根據訓練資料所習得的知識，專門用來解決特定問題。電腦利用步驟一所蒐集到的圖片（訓練資料）進行學習，最終建立分類蘋果的模型（電腦習得知識）。

　　我們可以使用網路上免費的機器學習平台訓練電腦學習模型，目前最為人熟知的是 Google Teachable Machine。

2.1. 進入Teachable Machine網站

Teachable Machine網站連結：
https://teachablemachine.withgoogle.com/train

　　此平台免註冊，使用者不必撰寫程式，就可以簡單地為網站或應用程式訓練機器學習的模型，目前Teachable Machine可支援圖像辨識、姿勢識別、或是聲音分類等應用，使用者可將資料上傳至平台，進行機器學習的訓練，以產生出模型。資料上傳的方式有以下三種：

A.透過電腦上傳現有檔案

B.經由攝影機拍攝上傳即時照片

C.使用麥克風錄音上傳即時語音

2.2. 新增專案

開始訓練機器，首先以滑鼠點擊「Image Project」新增專案。

新專案視窗主要分為「新增圖像樣本」、「訓練」、「預覽」3大區塊，訓練模型的順序是由左往右執行。

2.3. 新增三種圖像樣本並分別給予標註

先從「新增圖像樣本」開始，打開「Training」資料夾，選取「Braeburn」(蜜脆)資料夾，利用「上傳功能」，將此資料夾中的所有蘋果照片依序匯入平台。

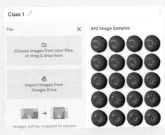

接下來點擊鉛筆圖示，將上傳的492張的蘋果照片集合命名為蜜脆（Braeburn），這個動作稱為資料標註（labeling），也就是將每筆訓練資料對應到正確的類別（告訴機器輸入的資料所對應的輸出），如此方能讓機器學習到輸入（蘋果照片）與輸出（蘋果類別）的對應，愈多的訓練資料可以讓機器學習得更完整，這也是監督式學習最重要的步驟。

我們重複上述的步驟，依序建立粉紅佳人（Pink Lady）和五爪（Red Delicious）蘋果的訓練資料，成功上傳三種蘋果的資料集合。

2.4. 訓練模型

準備好所有的訓練資料後，以滑鼠點擊「Train Model」，開始訓練模型，訓練模型所花費的時間視訓練資料的多寡而定。

2.5. 測試模型

訓練模型完成後，進入「預覽」步驟，並點選測試資料的來源為檔案選項（file）。

接著打開「Test」資料夾，選擇任一張蘋果照片（或自己準備的其他蘋果照片）上傳，平台會呈現此張照片的分類機率，藉此測試模型的預測準確性。

2.6. 輸出模型

機器學習建立的模型經過多次測試資料的驗證已達可接受的正確性，我們可以點擊「Export Model」，匯出機器學習的模型，我們採取的方式是「Upload(shareable link)」的選項，上傳機器學習模型至雲端，並複製已建立成功的機器學習模型網址（如下圖紅框處所示），到此機器學習已臻完成。

最後，我們可以利用匯出的檔案，結合文字式或視覺化程式設計工具，開發具有自動分類蘋果的應用軟體，最終就能以AI解決分類蘋果的問題。

步驟三、應用模型

3.1. 進入PictoBlox網站

PictoBlox是以MIT Scratch3為基礎而發展的視覺化程式設計工具，在步驟二匯出機器學習模型後，我們以PictoBlox程式工具來實作分類蘋果的雛形系統，真正落實機器學習應用在解決生活問題。

首先到PictoBlox官網下載適合作業系統的版本軟體並進行安裝。

PictoBlox官網連結：
https://thestempedia.com/product/pictoblox/

3.2. 開啟PictoBlox軟體

開啟PictoBlox，下圖為PictoBlox環境界面，除了主角不同外，其餘程式功能與程式開發環境均與Scratch相同。

3.3. 設定添加擴展

以滑鼠點擊左下角的「添加擴展」。

點擊「Machine Learning」後，再點擊「返回」，回到 PictoBlox主畫面。

3.4. 匯入模型

滑鼠左鍵點擊左側程式積木區的「Machine Learning」，接著點擊「Load a Model」。

將步驟2.6所複製的「Your sharable link」網址貼在空白欄位處，並按「Load Model」載入機器學習模型。（亦可使用本書所訓練的機器學習模型網址來做測試：https://teachablemachine.withgoogle.com/models/s9qqbW1Ct/）

貼上「訓練的模組網址」

載入機器學習模型後，左側程式積木區會產生機器學習模型的程式積木如下圖。

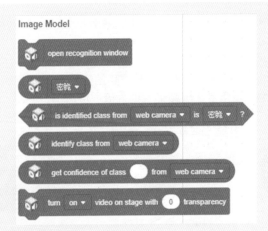

3.5. 撰寫分類蘋果程式

分類蘋果程式會利用網路攝影機擷取的圖像作為機器分類蘋果的資料來源，所以請先在個人電腦安裝好一般家用的網路攝影機。以下為辨識「蜜脆蘋果」的範例程式。

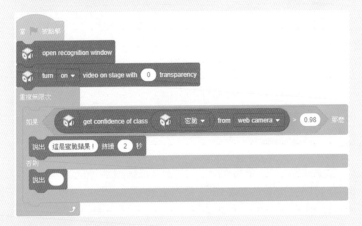

3.6. 測試蘋果分類模型

最後步驟是評估蘋果分類模型是否具有好的辨識力，在測試前，我們還需要準備不同種類的蘋果數顆，考量準備真實蘋果的不便性，因此可將取自於Kaggle的測試蘋果圖片以下列兩種方式做測試：

1.將蘋果圖片顯示於電腦螢幕上，使用網路攝影機對螢幕做拍攝。

2.將蘋果圖片列印至紙上，並將蘋果照片拿至網路攝影機前面做拍攝。

首先按下綠旗執行程式，接著以「網路攝影機」拍攝蘋果圖片，辨識視窗會即時顯示所拍攝的蘋果圖片及屬於蜜脆蘋果的機率，程式中的角色會說出蘋果名稱，流程示意圖如下：

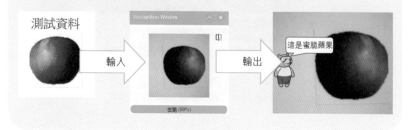

動動腦

一、請你畫出蘋果分類程式的流程圖。

二、做完這個專題後，你認為可以將此技術用在生活中哪些地方呢？

三、在步驟2.4中，有張圖如下，當中有個數字為50，你覺得50這個數字代表甚麼呢？蘋果的照片張數？訓練模型的次數？需要花費的時間？詳細請參考「知識大補帖」。

四、步驟三完成了蜜脆蘋果的辨識，請嘗試加上五爪和粉紅佳人的蘋果辨識程式，完成分類蘋果的雛形系統。

知識大補帖

　　「動動腦問題三」的數字「50」代表的是訓練次數 (Epochs)。

　　機器學習仰賴模型解決問題，在訓練模型時會反覆地進行誤差調整，讓模型可以越來越準確，所以會反覆的以同一筆資料做訓練，50就是這個重複訓練的次數。

第3節 生活中的機器學習—紀念T-shirt

問題描述

幸福國中小99週年校慶即將到來，家長會及地方人士共同合資免費送給每位學生乙件紀念T-shirt，負責的廠商必須在最短時間根據學校提供的學生資料製作紀念T-shirt的版型，並統計各尺寸的件數，現在我們將使用電腦處理上述的問題，以減少人力與時間的成本，並快速有效地統計出全校各尺寸的件數及適合的版型設計。

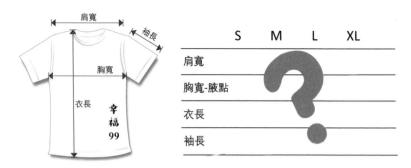

圖 3-4、幸福國中99週年校慶紀念T-shirt版型問題

問題解析

1. 我應該使用哪一類型的機器學習方法，讓電腦自動生成紀念T-SHIRT的版型？

   提示： 基於第二章所學的機器學習方法，監督式學習適合分類與迴歸問題；非監督式學習適合分群問題；強化式學習適合控制與預測問題。

2. 學生資料如下，我可以使用哪些屬性來幫助電腦進行機器學習？

   機器學習仰賴大量的資料，這些資料必須先經過篩選（資料屬性選擇）及處理（單位轉換等問題），才適合提供給機器進行學習。

	性別	胸圍	身長	腰圍	體重	肩肘長	直立坐高	肩寬	頭部高度	出生順序	慣用手
0	2	69.2	49.0	64.1	37.1	31.3	68.0	35.4	19.0	1	1
1	2	68.6	49.0	63.2	32.7	26.3	69.4	33.4	20.4	5	1
2	1	72.4	49.5	65.4	32.4	27.3	69.7	35.3	20.2	2	2
3	1	70.4	49.7	62.9	38.3	30.3	70.5	33.7	20.8	4	1
4	1	68.1	49.9	56.0	29.1	29.1	72.5	31.0	22.6	1	1

				...							
122	2	69.2	49.0	64.1	37.1	31.3	68.0	35.4	19.0	1	1
123	2	68.6	49.0	63.2	32.7	26.3	69.4	33.4	20.4	5	1

3. 我應該使用何種程式語言完成專題?

　　程式語言分為文字式及視覺化程式語言,可依據問題與資料類型評估何種程式語言適合應用在機器學習。

　　提示: 可以使用關鍵字「機器學習程式語言」搜尋看看。

實作流程

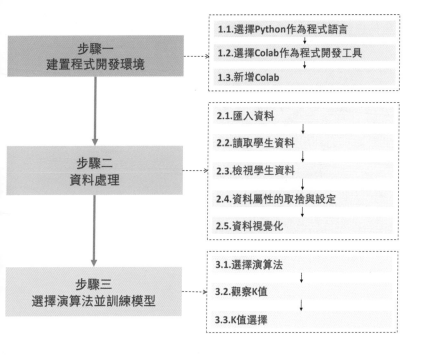

153

步驟一、建置程式開發環境

1.1. 選擇Python作為程式語言

　　機器學習實作的程式語言可分為視覺化及文字式2大類型，在「水果分類」專題使用的「PictoBlox」屬於視覺化程式語言，本專題則選用免費、簡單易理解、適合初學者的Python做為機器學習實作的程式語言。Python是文字式程式語言、支援模組化、結構化與物件導向程式規範，並有免費、為數眾多、且功能廣泛的函式庫供程式開發人員使用，大幅縮短程式開發的時程。

　　Python可以使用的機器學習套件以 Scikit Learn 最為人所熟知，Scikit Learn機器學習套件已發展多年，功能日臻成熟，不僅可供學術使用，更允許應用在商業用途。Scikit Learn套件包含了「監督式學習」、「非監督式學習」、「降維」、「模型選擇」、「資料前處理」等豐富的函式庫，不僅大幅縮短開發者自行撰寫機器學習相關程式的時程，同時Scikit Learn內建練習機器學習使用的資料集合，例如：鳶尾花（Iris）及波士頓房價（Boston Housing）等。換言之，初學者只要選擇載入上述內建的資料集合，並應用正確的機器學習函式庫，就能快速動手進行機器學習。若想要進一步了解 Scikit Learn 可參考官網，網址為：https://scikit-learn.org/stable/。

　　資料前處理是機器學習的關鍵步驟，除了Scikit Learn套件的函式庫外，針對資料集合進行清理及切割必須引用NumPy、Pandas函式庫，要將資料視覺化必須引用Matplotlib函式庫。因此，本專題利用Python實作機器學習需要的使用的函式庫整理如下：

一、NumPy：處理資料陣列運算。

二、Matplotlib：繪製2D/3D圖像。

三、Pandas：處理資料結構。

四、Scikit Learn：機器學習演算法、資料前處理、評估模型效能。

1.2. 選擇Google Colaboratory作為程式開發工具

　　在開始撰寫Python之前，必須先決定程式開發的工具，對初學者來說 Anaconda 或 Colab 是不錯的選擇。Anaconda 必須安裝在個人電腦才能使用，並視需要自行安裝函式庫，Colab只要個人有

Google帳號即可在雲端撰寫程式，程式碼直接儲存在雲端，兩者相較之下，Colab簡單易上手，更可以省去額外安裝函式庫衍生的其他問題，故本專題選用Colab作為Python的程式開發工具。

1.3. 新增Google Colaboratory

登入個人的Google帳號，在「雲端硬碟」新增Google Colaboratory。（若你是第一次使用Colaboratory，可參考第三章第一節的知識大補帖，先行新增Colaboratory應用程式。）

步驟二、資料處理

學生資料並無對應衣服尺寸的大小，故廠商必須對學生資料進行探索性分析，因此，本題目適合以非監督式學習演算法，將學生分為數個群組（分群），再擷取出群組內的相關數據，製作衣服的版型，並統計各個版型的衣服數量（分群後各群內的資料個數統計），最終將紀念T-shirt如期交貨給學校。

2.1. 匯入資料

引用Colab的匯入函式庫，程式範例如下，輸入完成後按「Shift」+「Enter」或按 ▶ 執行程式。

```
#上傳資料
from google.colab import files
uploaded = files.upload()
```

點擊「選擇檔案」上傳學生資料(data.csv)。

```
#上傳資料
from google.colab import files
uploaded = files.upload()
```

··· 選擇檔案 未選擇任何檔案 | Cancel upload

2.2. 讀取學生資料

引用pandas函式庫讀取上傳的學生資料，並儲存在「變數df」中，作為訓練機器學習的資料來源。而範例中的encoding為編碼參數，為了正確讀取繁體中文，故設定encoding='BIG5'。

```
import pandas as pd
df = pd.read_csv('data.csv',encoding='BIG5')
```

2.3. 檢視學生資料

1.檢視整體資料集合筆數及欄位數。

程式範例如下，執行結果顯示學生資料總數為123筆，欄位總數11個。

```
#檢視目前資料集合屬性 -> (資料筆數，欄位數目)
df.shape
```
(123, 11)

2.檢視N筆資料。

```
1 # 檢視前五筆學生資料，若要檢視10筆資料，可寫作 df.head(10)
2 df.head()
```

	性別	胸圍	身長	腰圍	體重	肩肘長	直立坐高	肩寬	頭部高度	出生順序	慣用手
0	2	69.2	49.0	64.1	37.1	31.3	68.0	35.4	19.0	1	1
1	2	68.6	49.0	63.2	32.7	26.3	69.4	33.4	20.4	5	1
2	1	72.4	49.5	65.4	32.4	27.3	69.7	35.3	20.2	2	2
3	1	70.4	49.7	62.9	38.3	30.3	70.5	33.7	20.8	4	1
4	1	68.1	49.9	56.0	29.1	29.1	72.5	31.0	22.6	1	1

```
1 # 檢視後五筆學生資料，若要檢視10筆資料，可寫作 df.tail(10)
2 df.tail()
```

	性別	胸圍	身長	腰圍	體重	肩肘長	直立坐高	肩寬	頭部高度	出生順序	慣用手
118	1	74.7	64.4	59.0	41.4	32.1	85.1	37.0	20.7	1	1
119	2	89.0	64.4	87.6	68.5	32.3	83.0	0.0	18.6	4	1
120	2	75.3	64.8	58.5	43.3	34.9	84.8	36.6	20.0	1	1
121	2	86.7	64.8	76.0	60.2	36.7	86.1	40.0	21.3	3	1
122	2	80.4	64.9	72.6	49.3	35.3	85.7	37.9	20.8	4	1

3.檢視資料的描述統計資訊

透過資料的描述統計資訊，得以觀察各資料屬性的數值關係（集中或分散等情況）。程式範例如下，執行結果顯示各資料屬性的個數、平均、標準差...等描述統計資訊。

```
#顯示資料集合的描述統計數值
df.describe()
```

	性別	胸圍	身長	腰圍	體重	肩肘長	直立坐高
count	123.000000	123.000000	123.000000	123.000000	123.000000	123.000000	123.000000
mean	1.552846	80.766667	63.628455	68.779675	52.984553	33.566667	84.371545
std	0.499233	8.954609	6.339669	7.271762	13.935978	2.716877	6.997476
min	1.000000	65.800000	49.000000	56.000000	29.100000	26.300000	68.000000
25%	1.000000	72.850000	59.850000	63.250000	42.100000	32.050000	79.650000

2.4. 資料屬性的取捨與設定

上傳的學生資料包含了性別、胸圍、身長、腰圍等11種資料屬性，但這些資料屬性並非都適合用於訓練機器學習。請你想一想要使用哪些資料屬性，可以有效幫助機器學習？可以刪除哪些不影響機器學習結果的資料屬性？

挑選作為訓練機器學習的資料屬性，並利用pandas將選定的資料屬性儲存至變數。在此以性別屬性與胸圍屬性作為訓練資料，程式範例如下：

```
#儲存訓練機器學習的學生資料(以下僅供參考)
sex  =  df.性別
bust =  df.胸圍
```

2.5. 資料視覺化

python可以引用Matplotlib函式庫，將資料視覺化，傳遞更易於理解的資訊。為初步了解訓練機器學習的資料屬性分佈情況，故利用scatter()繪製散佈圖，呈現2個維度的資料關係，程式範例如下：

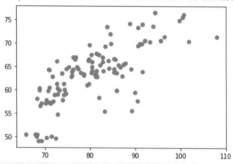

認識scatter(x,y)：

1.依據傳入x軸和y軸的資料，繪製散佈圖，x和y的值個數必須相同。

2.可使用參數整理如下，

　　c： 符號顏色，例如，c='black'，設定所有符號顏色為黑色。

　　s： 符號大小，例如s，='100'，設定符號大小為100點。

　　alpha： 符號透明度，例如，alpha = '0.5'，設定符號透明度為0.5。

　　cmap： 顏色配置，例如，cmap = 'autumn'，設定符號顏色配置為'autumn'。

　　linestyle： 線條樣式，例如，linestyle='--'，設定線條樣式為'--'。

步驟三、選擇演算法並訓練模型

3.1. 選擇演算法

　　根據問題解析，此類問題適合使用非監督式學習，而此專題選用sklearn套件的K-means 函式庫做為機器學習演算法，程式範例如下。

```
# 使用 KMeans 演算法訓練機器
# 資料匯入                          ┌─────┐ 紅框部分:使用者需修改才能正確執行程式。
from google.colab import files      └─────┘
uploaded = files.upload()
import pandas as pd
df = pd.read_csv('data.csv', encoding='BIG5')

# Kmeans 演算法參數設定
from sklearn.cluster import KMeans
import matplotlib.pyplot as plt
student = df[[' 資料屬性 1 ',' 資料屬性 2 ']]
KM=KMeans( n_clusters = K , init='k-means++')

# 執行 Kmeans 演算法
KM.fit(student)

# 繪製圖形
plt.scatter(student.iloc[:,0],student.iloc[:,1],cmap='autumn',c=KM.predict(student))
centers=KM.cluster_centers_
plt.scatter(centers.T[0],centers.T[1],c='black',s=100,alpha=0.5)
plt.xlabel(' x 軸(資料屬性 1) 標籤名稱,必須為英文方能呈現 ')
plt.ylabel(' y 軸(資料屬性 2) 標籤名稱,必須為英文方能呈現 ')
plt.title('T-shirt')
plt.show
```

接下來我們針對程式碼一一做說明。

A.匯入K-means和matplotlib的函式庫

```
# 使用 KMeans 演算法訓練機器
from sklearn.cluster import KMeans
# 引用繪圖函式庫
import matplotlib.pyplot as plt
```

B.資料集合中有11個資料屬性,任選2個資料屬性當作K-means 訓練的資料屬性,在此以性別和胸圍做舉例。

```
# 宣告變數 student,並將 df 資料中擷取'資料屬性 1'和'資料屬性 2'兩欄資料存入變數 student 中。
# 在此以'性別'和'胸圍'當作訓練的資料屬性,你也可以選用其他屬性來做訓練
student = df[['性別','胸圍']]
```

C.設定K-means 的分群個數和初始群心的位置,此處分群個數先設定為3,初始群心以現有資料集合內的值來實作。

```
# 宣告變數 KM 是 KMeans 的一個實例(instance)。
# n_clusters:分群個數。在此以分 3 群為舉例,你也可以嘗試分 k 群,k 可以為任意正整數
# init:選擇初始群心的方式,有 k-means++和 random 兩種方式
#     k-means++為從現有資料集合中,隨機挑選一資料值當成初始群心。
#     random 為隨機找群心,此群心不一定為現有資料值
KM=KMeans(n_clusters=3, init='k-means++')
```

D.將student資料集合匯入K-means 演算法來做分群。

```
# KM 使用 Kmeans 方式計算參數(student)的分群
# fit(X):計算 X 資料集合的分群
KM.fit(student)
```

E.引用繪圖函式庫繪製資料散佈圖。

```
# 引用繪圖函式庫繪製資料散佈圖
# student.iloc[:,0]   取出 student 資料中第 0 欄的所有值,當作繪圖中的 X 值
# student.iloc[:,1]   取出 student 資料中第 1 欄的所有值,當作繪圖中的 Y 值
# cmap='autumn'       圖形的配色樣式選擇
# c=KM.predict(student) 將分群資料標示不同顏色
# plt.scatter()       透過參數設定,繪製成散佈圖
plt.scatter(student.iloc[:,0],student.iloc[:,1],cmap='autumn',c=KM.predict(student))
```

F.將K-means 找到的群心讀取出來，透過繪圖函式庫繪製在散佈圖中。

```
# 將 KM 計算後的群心位置取出放入 centers 變數中
# cluster_centers_ ：計算之後的群心位置。
centers=KM.cluster_centers_

# 引用繪圖函式庫繪製群心位置
# centers.T[0]    群心位置的 X 座標陣列
# centers.T[1]    群心位置的 Y 座標陣列
# c='black'       設定繪製的顏色為黑色
# s=100           點的大小設定為 100
# alpha=0.5       點的透明度設定為 0.5，範圍為 0~1
plt.scatter(centers.T[0],centers.T[1],c='black',s=100,alpha=0.5)
```

G.設定散佈圖的XY座標和圖形標題，在此以性別（Sex）和胸圍（Chest Circumference）做為X軸和Y軸的標籤名稱。將設定好的圖形呈現出來。

```
# 設定圖形的 X 和 Y 座標標籤
plt.xlabel('Sex')
plt.ylabel('Chest circumference')
# 設定圖形的標題
plt.title('T-shirt')

# 將繪製好的圖形呈現出來
plt.show
```

3.2. 觀察K值

第二章的非監督式學習曾提到，K-means 演算法能依據預先給予的K值，主動將未知的資料進行分群，本專題的K值指的是廠商製作紀念T-shirt的版型個數。請你想一想要將學生分為幾個群組較為適合？程式範例如下，請你觀察當K值分別設定為2、3、4、5、6時，K-means 演算法對學生資料的分群結果是否有所不同。

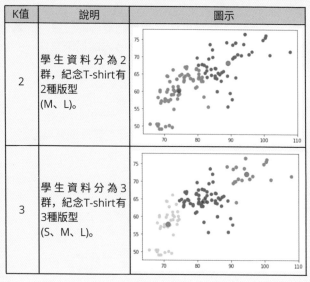

K值	說明	圖示
2	學生資料分為2群，紀念T-shirt有2種版型(M、L)。	
3	學生資料分為3群，紀念T-shirt有3種版型(S、M、L)。	

K值	說明	圖示
4	學生資料分為4群，紀念T-shirt有4種版型(S、M、L、XL)。	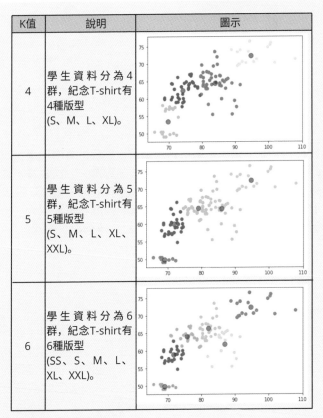
5	學生資料分為5群，紀念T-shirt有5種版型(S、M、L、XL、XXL)。	
6	學生資料分為6群，紀念T-shirt有6種版型(SS、S、M、L、XL、XXL)。	

3.3. K值選擇

以本專題為例，廠商考量成本及學生需求，必須選擇適切的K值將學生分為K群，同一群的學生資料同質性高，不同群的學生資料同質性低，而同質性的高低是由資料與群心的距離決定。換言之，資料與群心的遠近決定資料是否為同一群或不同群，因此「距離」的概念可當成挑選K值的依據。以下是常見用來挑選K值的方法：

(一) 手肘法（elbow method）

這個方法認為剛開始隨著K值的增加，同一群資料的聚合程度會順勢提高（各群的資料與其中心的距離和會隨著K增加而減少，亦即，各群的資料隨著K增加而更相似），一旦K值大於最佳的分群個數，同一群資料相似度的增加幅度就會減緩，兩者變化的臨界點就是最佳的K值。聚合程度指的是同一群中每筆資料到群中心的距離。程式範例如下：

```
    Sum_of_squared_distances = []
    ans=df[['資料屬性1','資料屬性2']]
    K = range(2,6)
    for k in K:
            km = KMeans(n_clusters=k)
            km = km.fit(ans)
            Sum_of_squared_distances.append(km.inertia_)
    plt.plot(K, Sum_of_squared_distances, 'bx-')
    plt.xlabel('k')
    plt.ylabel('Sum_of_squared_distances')
    plt.title('Elbow Method For Optimal k')
```

　　執行結果如下圖所示，橫軸是Ｋ值，縱軸則為各群中的資料與其中心的距離平方和（可視為各群的歧異程度），線條轉折處就是建議挑選的Ｋ值，當Ｋ＝3的時候，分群可讓歧異程度降到3500以下，但後續即使Ｋ增加，歧異程度的減少幅度就沒那麼大，因此增加Ｋ的效益不大。因圖示類似彎曲的手肘，故稱為手肘法。

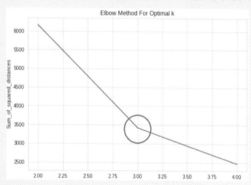

(二) 輪廓係數法（Silhouette Coefficient）

　　這個方法認為同一群資料彼此間的距離愈近（同一群中的資料很相像），且與其他分群中間資料的距離愈遠（不同群的資料彼此差異大），計算每一Ｋ值的輪廓係數，係數愈大，代表分群效果愈好。因此，若某Ｋ值的輪廓係數最大，就表示是最佳的分群個數。引用計算輪廓係數的函式庫，設定K=2,3,4,5,6，試著找出最佳的分群個數，程式範例如下，

```
from sklearn.metrics import silhouette_score
Silhouette_Score = []
ans=df[['資料屬性1','資料屬性2']]
for i in range(2,6):
        kmeans_fit = KMeans(n_clusters = i).fit(ans)
        Silhouette_Score.append(silhouette_score(ans, kmeans_fit.labels_))
plt.plot(range(2,6), Silhouette_Score)
plt.plot(range(2,6), Silhouette_Score,'b-',label='Silhouette Score')
plt.xlabel("Number of K")
plt.ylabel("Silhouette Score")
plt.legend()
plt.show()
```

執行結果如下圖所示，折線圖的最高點，就是建議挑選的K值，當K＝3的時候，分群效果最好。

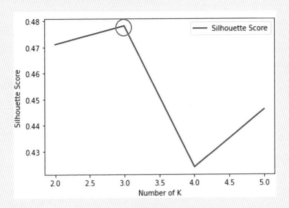

更詳細的說明可參考scikit-learn的官方文件，網址如下：

https://scikit-learn.org/stable/auto_examples/cluster/plot_kmeans_silhouette_analysis.html

比較以上兩個方法選出的K值均為3，所以廠商可以將學生資料分成3群，製作屬於這3群學生的衣服版型。

動動腦

一、我如何列出本專題各分群所屬的學生資料？

第一群		
	胸圍	身長
0	69.2	49.0
1	68.6	49.0
2	72.4	49.5

第二群		
	胸圍	身長
9	81.2	63.3
10	78.7	63.3
11	77.9	63.6

第三群		
	胸圍	身長
20	91.0	69.8
22	91.3	69.9
23	93.2	70.3

二、做完這個專題後，你認為可以將此技術用在生活中哪些地方呢？

第4節 AIoT專題實作—智慧溫控妙管家

問題描述

　　隨著地球逐漸暖化，年平均溫度逐年上升，在不久的未來，學校的每間普通教室將裝設冷氣，為能合理使用冷氣，節省電費支出，校方若能即時監控每間教室的室內溫度與濕度，更可以掌握各班開啟冷氣的時機，以營造舒適的學習環境，讓我們來試著協助學校建立智慧溫控系統。

問題解析

1. 建立一個冷氣的智慧溫控系統，需要蒐集甚麼資料？

　　開冷氣的目的是為了提升人體舒適度，除了考量「室內溫度」外，「濕度」也扮演了很重要的因素。

2. 當要蒐集第1題的資料時，可以使用哪些裝置和元件來達到目的？

　　市面上常看到的開發版有：Arduino、NodeMCU、micro:bit、Webduino...等，哪一個適合使用呢？市面上常看到的外接溫度、濕度感測器很多種，有：DHT11、DHT22、LM35...等，哪些比較適合呢？

3. 如何將蒐集的資料即時傳送給系統？

　　我們在這裡需要MQTT的協助，可以查查看什麼是MQTT。

4. 在什麼條件之下，系統需要發出提示訊息，程式可以使用什麼結構呢？

　　我們可以透過感測器一直接收到即時資訊，但在什麼條件下應觸發系統發出提示訊息呢？溫度太高？溫度太低？濕度太高？濕度太低？在程式設計裡，迴圈結構或是條件結構該如何搭配使用來完成呢？

5. 透過MQTT可以將資料記錄下來並即時呈現，在智慧溫控系統中，這些被記錄下來的資料可以如何進一步運用分析呢？

　　（1）教室每月的平均溫度？濕度？

　　（2）教室平日最高溫？最低溫？平均溫度？

(3) 教室的月平均濕度？日平均濕度？

(4) 即時顯示各班溫濕度現況？當溫度過高主動通知？

6. 透過行動載具（平版或手機）如何瀏覽全校各班的資料現況？

　　MQTT可視為資料傳遞的橋梁，市面上有很多App支援MQTT的資訊傳遞，並提供圖形化介面可查看資料，請試著找找看有哪些支援MQTT的APP。

實作流程

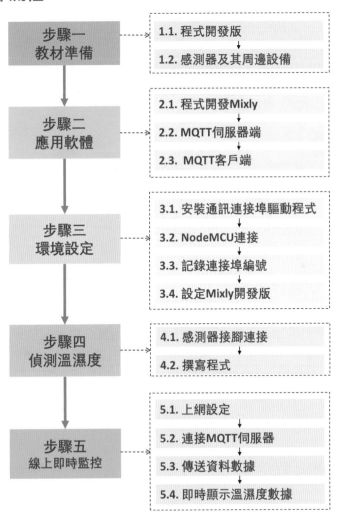

步驟一
教材準備
- 1.1. 程式開發版
- 1.2. 感測器及其周邊設備

步驟二
應用軟體
- 2.1. 程式開發Mixly
- 2.2. MQTT伺服器端
- 2.3. MQTT客戶端

步驟三
環境設定
- 3.1. 安裝通訊連接埠驅動程式
- 3.2. NodeMCU連接
- 3.3. 記錄連接埠編號
- 3.4. 設定Mixly開發版

步驟四
偵測溫濕度
- 4.1. 感測器接腳連接
- 4.2. 撰寫程式

步驟五
線上即時監控
- 5.1. 上網設定
- 5.2. 連接MQTT伺服器
- 5.3. 傳送資料數據
- 5.4. 即時顯示溫濕度數據

步驟一、教材準備

　　在實作之前，我們需要先準備相關硬體或器材。

1.1. 程式開發版-NodeMCU

　　NodeMCU是價格便宜、內建無線網路的開放硬體，與Arduino相容，國內外參考資源豐富，在沒有無線網路的環境仍可進行教學與實作。NodeMCU斷電重啟後仍能繼續執行原先已燒錄之程式，若能配合無線上網更能充分體現物聯網的實際應用。

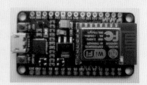

1.2. 感測器及周邊設備

　　跟NodeMCU相連接的感測器是溫溼度感測器DHT11，透過麵包板和杜邦線進行串接。若需要較為精準的溫濕度數據可考慮購買DHT22，但價格較貴。

步驟二、應用軟體

2.1. 程式開發Mixly

　　我們選用Mixly撰寫開發版程式，Mixly是以Google Blockly為基礎所開發圖像式積木程式，可以免費下載，安裝容易，適合初學者學習物聯網程式設計基礎應用。

2.2. MQTT伺服器端

　　broker.hivemq.com，或其他相同功能軟體。

2.3. MQTT客戶端

　　virtuino MQTT'、MQTTX 或其他相同功能軟體。

步驟三、環境設定

3.2. 安裝通訊連接埠驅動程式

本次教學以Windows為例，故請下載『CP210x Universal Windows Driver』，下載網址：https://www.silabs.com/developers/usb-to-uart-bridge-vcp-drivers。

3.2. NodeMCU連接

將NodeMCU安裝在麵包版，利用USB傳輸線將開發版與個人電腦串接。

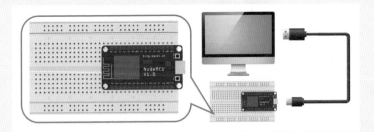

3.3. 紀錄連接埠編號

開啟『裝置管理員』檢視連接埠，正確連接圖示如下，並記住連接埠的編號，在此為『COM4』，請注意連接埠的編號會隨著個人的電腦有所變化。

3.4. 設定Mixly開發版

設定Mixly，並調整編輯器右下方的開發版類型為Arduino ESP8266及通訊埠 COM4。

步驟四、偵測環境的溫濕度

4.1. 感測器接腳連接

參閱NodeMCU與溫濕度感測器腳位圖示，將溫濕度感測器（DHT22）安裝在麵包版，並以3條杜邦線串接程式開發版所對應的腳位。

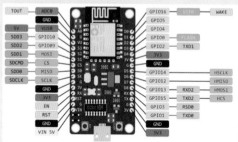

圖片來源：https://i.stack.imgur.com/yT4hb.png

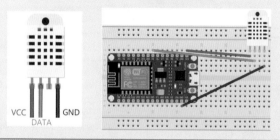

DHT22腳位	杜邦線顏色	程式開發版腳位
Vcc（1），第1腳位，供電	紅色	3V3
Data（2），第2腳位，訊號	藍色	D5
Gnd（4），第4腳位，接地	黑色	GND

4.2. 撰寫程式

程式範例如下，腳位14對應的是開發版上面的D5(GPIO14)，可參考上面圖示。

4.1. 感測器接腳連接

參閱NodeMCU與溫濕度感測器腳位圖示，將溫濕度感測器（DHT22）安裝在麵包版，並以3條杜邦線串接程式開發版所對應的腳位。

1. 編譯

新建　打開　保存　另存為　導出庫　導入庫　管理庫　　　　　　　　編譯　上傳

全域變數使用了 26816 bytes (32%) 的動態記憶體，剩餘 55104 bytes 給區域變數，上限為 81920 bytes。
編譯成功！

2. 上傳，將程式碼上傳至開發版。

新建　打開　保存　另存為　導出庫　導入庫　管理庫　　　　　　　　編譯　上傳

Hard resetting via RTS pin...
上傳成功！

程式上傳成功後，開啟Console連線軟體就可以看到當下教室環境的即時溫濕度。

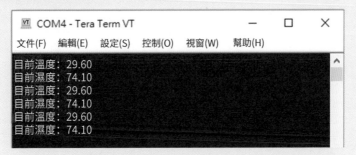

步驟五、線上即時監控溫濕度

5.1. 即時顯示溫濕度數據

顯示溫溼度感測器(DHT 22)偵測到的原始數據，有2種方法，一是利用Console連線軟體，例如Tera Term，讀取由程式開發版序列埠輸出的溫溼度，如下圖所示。

另一種是利用JavaScript或python，將序列埠輸出的溫溼度數據以圖形方式呈現，如此更容易理解數據所要傳遞的訊息，以下的折線圖便是溫溼度數據視覺化的結果。

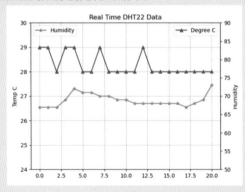

接著以Python為例，說明將原始資料視覺化的方法，使用的函式庫整理如下：

一、numpy：處理資料陣列運算。

二、matplotlib：繪製2D/3D圖像。

三、serial：讀取序列埠資料。

四、drawnow：重新繪製圖形。

```python
1  import serial                              # 序列埠連接函式庫
2  import numpy                               #numpy序列函式庫
3  import matplotlib.pyplot as plt            # 繪圖函式庫
4  from drawnow import *                      #即時畫圖的函式庫
5  tempC = []                                 # 溫度儲存序列
6  humidity = []                              # 溼度儲存序列
7  count = 0                                  # 計次變數
8  NodeMCU = serial.Serial("序列埠編號", 9600)  # 偵序列埠連通(此NodeMCU埠是變數名稱)
9  plt.ion()                                  # 啟用互動繪圖模式
10
11 def makeFig():                             # 自行定義的繪圖函數
12     plt.ylim(24, 30)                        # 設定y軸的最大值與最小值(左邊Y軸)
13     plt.title('Real Time DHT22 Data')       # 繪製圖表的標題文字
14     plt.grid(True)                          # 設定顯示格線
15     plt.ylabel('Temp C')                    # y軸的標籤文字
16     plt.plot(tempC,'b-', label='Degree C')  # 繪製溫度，設定圖形對應的標籤文字(輸入序列,形狀(三角形或星星),這條線的標籤)
17     plt.legend(loc='upper right')           # 繪製圖例，設定定位置在右上角
18
19     plt2=plt.twinx()                        # 共享x軸，建立第2個y軸
20     plt.ylim(50, 90)                        # 設定第2個y軸的數值最高最低(右邊Y軸)
21     plt2.plot(humidity, 'g-', label='Humidity')  # 繪製溼度，設定圖形到應的標籤文字(輸入序列,形狀(三角形或星星),這條線的標籤)
22     plt2.set_ylabel('Humidity')             # 第2個y軸的標籤文字
23     plt2.ticklabel_format(useOffset=False)  # 禁用科學符號表示(設定False讓數字穿四捨五入)
24     plt2.legend(loc='upper left')           # 繪製圖例，設定定位顯示位置在左上角
25
26 while True:  # While loop that loops forever
27     try:
28         while (NodeMCU.inWaiting()==0):      # 等待資料輸入，並執行程式
29             pass                             # 讀進資料後，暫停資料輸入 do nothing
30         nodemcuString = NodeMCU.readline()   # 讀取資料
31         dataArray = nodemcuString.decode('utf_8').split(",")  # 分割資料，並將溼度及溫度數據存入陣列。
32         temp = float( dataArray[0])          # 把第讀取到的溫度temp存入tempC序列中
33         hum = float( dataArray[1])           # 把新讀取到的溫度hum存入humidity序列中
34         tempC.append(temp)                   # 把新讀取到的溫度temp存入tempC序列中
35         humidity.append(hum)                 # 把新讀取到的溼度hum存入humidity序列中
36         drawnow(makeFig)                     # 呼叫繪圖函數，並即時更新畫面
37
38         plt.pause(.000001)                   # 畫圖完畢暫停微秒
39         count=count+1                        # 增加一筆資料
40         if(count>200):                       # 只顯示前200筆資料，若超過200的，則把以前的資料移除
41             tempC.pop(0)
42             humidity.pop(0)
43     except:                                  #例外的除錯狀況
44         print("Keyboard Interrupt")
45         break
46
```

5.2. 上網設定

利用『網路』程式積木的『WIFI』，可以讓程式開發版以無線連接網路，程式範例如下：

5.3. 連接MQTT伺服器

利用『網路』程式積木的『MQTT』，可以將溫濕度感測器所感測到的數值，透過網路定時傳送給遠端的MQTT伺服器，程式範例如下，

地址：輸入MQTT伺服器的IP或網域名稱。

埠：程式開發版與伺服器溝通的管道編號。

用戶名：登入MQTT伺服器的帳號。

密碼：登入MQTT伺服器的密碼。

5.4. 傳送資料數據

點擊『感測器』，選擇『DHT22』程式積木，將溫濕度感測器的量測數據，透過無線網路定時傳送給遠端的MQTT伺服器，程式範例、訂閱MQTT主題及訊息收發圖示如下。

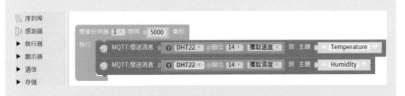

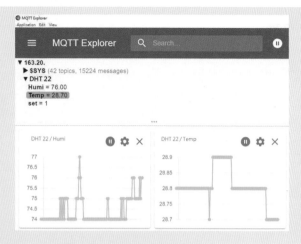

步驟5.2到步驟5.4的程式完整積木如下。

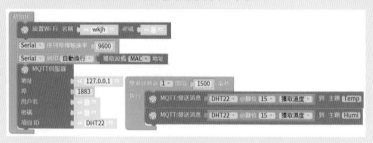

知識大補帖

一、MQTT是物聯網的標準訊息傳遞協議，感測器透過MQTT可以在網路上發佈與訂閱訊息，由於傳遞的訊息對於網路頻寬要求不高，故MQTT已被廣泛應用在物聯網的開發。

二、Homebridge是能夠模擬蘋果智慧家庭平台(HomeKit)，具有整合各種智慧裝置的開源串接服務，在Homebridge伺服器安裝『套件（Plugin）』後，就可以利用「家庭」App納管智慧設備，並能以語音助理Siri與智慧設備互動。

動動腦

MQTT在這個專題中扮演什麼角色功能，是否可以沒有它？

第5節 AIoT專題實作—當Siri遇上物聯網

問題描述

透過上一個專題，我們已建立智慧溫控系統，可以將教室內的溫溼度做紀錄，並上傳至雲端。現在我們希望透過行動載具上的語音助理，更快速得知溫溼度數據，並進行有效監控。與此同時，也透過遠端方式，以口語和語音助理對話，控制教室電燈的開關，達到省電節能的目的。

知識大補帖

物聯網的應用改變了我們的居家生活，舉例來說，現今只要透過手機或電腦就可以輕鬆管控各種家電的開關，若要進一步打造智慧溫控校園，導入人工智慧技術是重要的關鍵因素。

Siri是蘋果公司的人工智慧語音助理，結合內建的「家庭」App，並透過「Homebridge」與「MQTT」進行介接，使Siri辨識我們所說的口語命令，顯示溫濕度，以及控制電燈開關，可體現AI自然語言技術與物聯網在智慧家庭的真實應用。

註：Android語音助理可搭配「Google Home」App。

問題解析

1. 我想要使用的語音助理?

市面上有許多語音助理，例如：Google、Siri、小愛、Bixby等，哪一個適合使用呢?

2. 我需要哪種的程式開發版?

市面上常看到的開發版有：Arduino、NodeMCU、micro:bit、Webduino、Raspberry Pi...等，每一個開發版都有其特色，為了完成物聯網功能，我們需要使用能夠連網的開發板，請問哪一個適合使用呢?

3. 我需要的程式開發軟體?

程式語言分為文字式及視覺化程式語言，可依據問題與資料類型評估何種程式語言適合應用在物聯網程式設計。

提示： 可以使用關鍵字「物聯網程式設計」搜尋看看。

4. 我如何讓語音助理與物聯網互動?

Siri是蘋果公司的人工智慧語音助理,結合內建的「家庭」App,並透過「Homebridge」與「MQTT」進行介接,使Siri辨識我們所說的口語命令,顯示溫濕度,以及控制電燈開關,體現AI自然語言技術與物聯網在智慧家庭的真實應用,範例如下。

語音助理與物聯網的溝通必需透過MQTT協定(溝通準則),而Homebridge為MQTT訊息傳遞的服務軟體,可試著查詢「MQTT」和「Homebridge」,以了解此協定和軟體的原理。

5. 這個專題是屬於人工智慧的何種應用?

人工智慧應用包羅萬象,包含:影像辨識、語音識別、智慧家電、醫療照護、智慧程式等,可想想這個專題是屬於何種應用呢?

實作流程

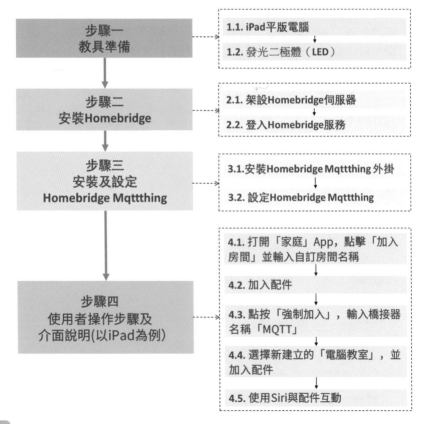

| 步驟一 教具準備 | 1.1. iPad平版電腦 ↓ 1.2. 發光二極體(LED) |

| 步驟二 安裝Homebridge | 2.1. 架設Homebridge伺服器 ↓ 2.2. 登入Homebridge服務 |

| 步驟三 安裝及設定 Homebridge Mqttthing | 3.1. 安裝Homebridge Mqttthing 外掛 ↓ 3.2. 設定Homebridge Mqttthing |

| 步驟四 使用者操作步驟及 介面說明(以iPad為例) | 4.1. 打開「家庭」App,點擊「加入房間」並輸入自訂房間名稱 ↓ 4.2. 加入配件 ↓ 4.3. 點按「強制加入」,輸入橋接器名稱「MQTT」 ↓ 4.4. 選擇新建立的「電腦教室」,並加入配件 ↓ 4.5. 使用Siri與配件互動 |

步驟一、教具準備

1.1.iPad平版電腦

本專題以iPad進行操作，使用內建「Siri」人工智慧語音助理，搭配「家庭」App，並透過「Homebridge」與「MQTT」進行介接，使Siri辨識我們所說的口語命令，顯示溫濕度，以及控制電燈開關，體現了人工智慧在居家生活的應用。

註：Android語音助理可搭配「Google Home」App，在此專題我們以Siri語音助理搭配「家庭」App來實作示範。

1.2. 發光二極體（LED）

在考量經費與教學應用，本專題利用LED模擬電燈。若經費允許，則可運用繼電器（Relay）控制電流的開/關，操控家電設備。

步驟二、安裝Homebridge

Homebridge能夠模擬蘋果智慧家庭平台(HomeKit)，是具備整合各種智慧裝置的開源串接服務，在Homebridge伺服器安裝「套件（Plugin）」後，可利用iPad內建的「家庭」App納管智慧設備，並能以語音助理Siri與設備進行智慧互動。

2.1. 架設Homebridge伺服器

Homebridge官網https://homebridge.io/，它可在多元的系統平台運作，本專題以Windows平台進行操作，安裝流程如下：

A.安裝Node.js

開啟瀏覽器，連至https://nodejs.org/dist/v16.13.1/node-v16.13.1-x64.msi，下載安裝程式進行安裝。

B.安裝 Homebridge

以「系統管理員身分執行」，開啟「命令提示字元視窗」，輸入「npm install -g --unsafe-perm homebridge homebridge-config-ui-x」，啟動安裝程序。

C.設定系統開機自動啟用Homebridge服務

接續步驟B，輸入「hb-service install」，設定系統開機自動啟用服務。

2.2. 登入Homebridge服務

開啟瀏覽器，在網址列輸入 http://localhost:8581，連至Homebridge服務首頁，登入畫面如下方左圖，請輸入「使用者名稱」與「密碼」，預設使用者名稱為「admin」，預設密碼為「admin」。成功登入「Homebridge」畫面如下方右圖。

圖3-5、登入Homebridge畫面　　圖3-6、成功登入Homebridge畫面

詳細安裝說明文件請參閱官網，如右圖紅框區： https://github.com/homebridge/homebridge/wiki/Install-Homebridge-on-Windows-10#prerequisites

步驟三、安裝及設定Homebridge Mqttthing

3.1.安裝Homebridge Mqttthing 外掛

接續步驟二，在Homebridge服務首頁點擊「Plugins」，輸入關鍵字「MQTT」，安裝「Homebridge Mqttthing」外掛。

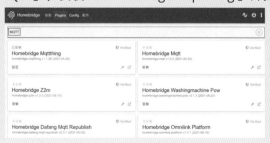

3.1. 設定Homebridge Mqttthing

A.點擊「Homebridge Mqttthing」的「設定」。

已安裝　　　　　　　　　　　　　　　🛡 Verified

Homebridge Mqttthing

homebridge-mqttthing v1.1.28

設定　　　　　　　　　　　　　　　🔧 ☑

B. 以滑鼠點按「ADD ACCESSORY」新增濕度、溫度、電腦教室電燈等配件。

設定: homebridge-mqttthing　　　　　×

濕度　　　　　　　　　　　　　　☑

溫度　　　　　　　　　　　　　　☑

電腦教室電燈　　　　　　　　　　☑

+ ADD ACCESSORY　　　🄬 ⬡　　取消　儲存

C. 設定濕度、溫度、電腦教室電等配件與MQTT溝通的參數。設定濕度及溫度配件的方法相同，以下僅以「濕度」為例說明，

C-1 配件類型(Type)： 選擇 Humidity Sensor	設定: homebridge-mqttthing　× 濕度　🗑 ☑ Type Humidity Sensor Select the accessory type Name * 濕度 Name of accessory, as displayed in HomeKit
C-2 配件名稱(Name)：可自訂，本例為「濕度」	
C-3 MQTT Settings： 點擊「MQTT Settings」 分別在MQTT伺服器位址 (URL)、使用者名稱 (Username)、密碼 (Password)等欄位輸入相關參數。	濕度　🗑 ☑ Type Humidity Sensor Select the accessory type Name * 濕度 Name of accessory, as displayed in HomeKit **∨ MQTT Settings** URL http://127.0.0.1:1883 URL of MQTT server (optional), default mqtt://localhost 1883 Username apa Username for MQTT server (optional) Password 1234

C-4 MQTT Topics： 點擊「MQTT Topics」 輸入可取得目前濕度數值 (Get Current Relative Humidity)的參數。	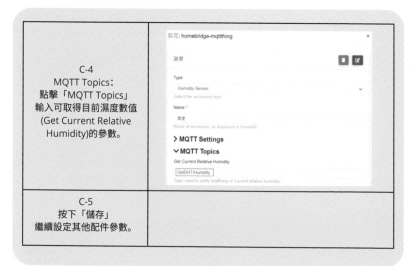
C-5 按下「儲存」 繼續設定其他配件參數。	

步驟四、使用者操作步驟及介面說明
（以iPad為例）
4.1. 打開「家庭」App，點擊「加入房間」並輸入自訂房間名稱

4.2. 「加入配件」

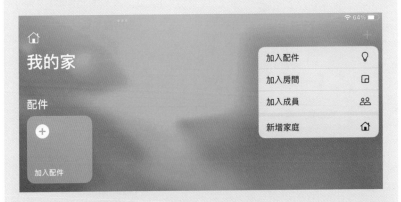

可利用iPad掃描QRcode（QRcode在「Homebridge」畫面）或輸入「設定代碼」加入配件

4.3. 點按「強制加入」，輸入橋接器名稱「MQTT」。

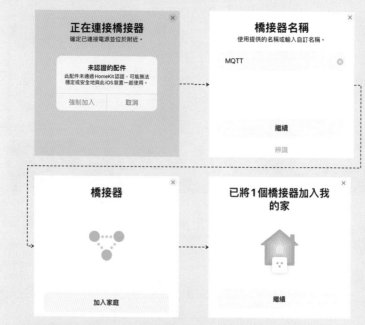

4.4.選擇剛新建立的「電腦教室」，並加入配件

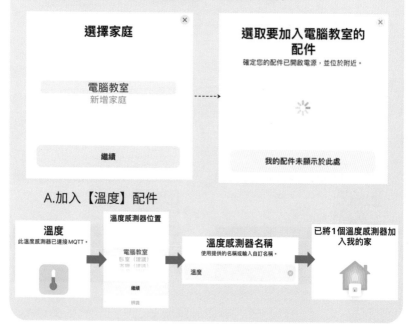

B. 加入【濕度】配件

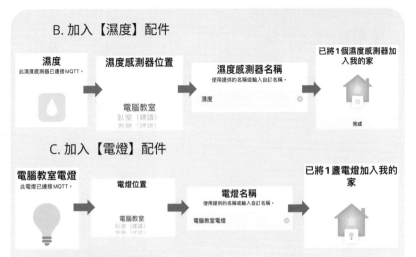

C. 加入【電燈】配件

4.5. 使用Siri與配件互動

　　配件加入完成後，即可直接利用iPad的語音助理與各個配件互動。

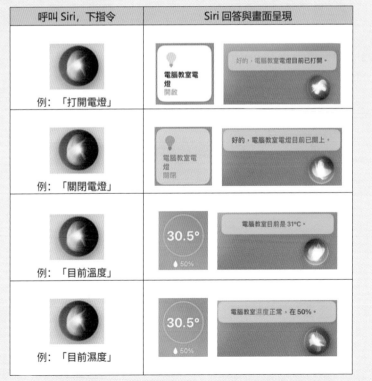

動動腦

　　請問我如何利用『Homebridge』、MQTT、『家庭』App、程式如果想訂做一個專屬於自己的智慧居家小助理，可以如何利用Homebridge、MQTT、「家庭App」和程式開發版來實作?

附錄

附錄一、決策樹ID3演算法詳細運算流程

　　承接第二章第一節決策樹內容，在此我們將呈現體育課打羽球的決策運算過程。

　　以下是某學校體育課打羽球的資料集合(data set)，總共有14筆紀錄，由4個資料屬性：氣候、溫度、濕度、風速，以及決策變項「打羽球」所組成，由於資料集合中各屬性的值只能使用名稱做分類，例如：溫度有「炎熱」、「暖和」、「涼爽」等3類，故選用適合處理類別資料的ID3演算法ID3演算法(Iterative Dichotomiser 3)，利用資料的屬性由上而下逐步劃分資料集合，進而生成決策樹。

編號	氣候	溫度	濕度	風速	打羽球
1	晴天	炎熱	偏高	弱	不打球
2	晴天	炎熱	偏高	強	不打球
3	陰天	炎熱	偏高	弱	打球
4	雨天	暖和	偏高	弱	打球
5	雨天	涼爽	正常	弱	打球
6	雨天	涼爽	正常	強	不打球
7	陰天	涼爽	正常	強	打球
8	晴天	暖和	偏高	弱	不打球
9	晴天	涼爽	正常	弱	打球
10	雨天	暖和	正常	弱	打球
11	晴天	暖和	正常	強	打球
12	陰天	暖和	偏高	強	打球
13	陰天	炎熱	正常	弱	打球
14	雨天	暖和	偏高	強	不打球

圖4-1、體育課打羽球的資料集合

　　ID3演算法是一個以熵（Entropy）與資訊獲利（Information Gain，簡稱IG）作為分類資料、建構決策樹的演算法，適合用來處理類別資料的問題，ID3演算法的流程如下頁圖所示。

　　「熵」指的是資訊的不確定程度，例如一場桌球比賽雙方的實力懸殊，大家對於比賽輸贏結果早已了然於胸，因此影響賽事結果的因素較少，這件賽事結果的**確定性高**，那麼資訊的**熵值就較小**；反之若這是場勢均力敵的賽事，影響賽事結果的因素較多，比賽結果的**不確定性高**，那麼資訊的**熵值就較大**。換言之，資訊的熵值愈大，不確定性高，那麼要將其明確分類所需的額外資訊愈多；資訊的熵值愈小，不確定性低，要將其分類所需的額外資訊愈少。因此，熵可拿來作為分類的依據，若是好的分類，就會讓熵值減少，也就是目前據以分類的

「屬性」可以讓此次分類獲得較多資訊，這些獲得的資訊，即為「資訊獲利」。資訊獲利是用來衡量資訊量的指標，若依據某屬性分類後可獲取較多資訊，則此屬性就適合拿來做為決策條件。換言之，「資訊獲利」能代表該屬性的分類能力。

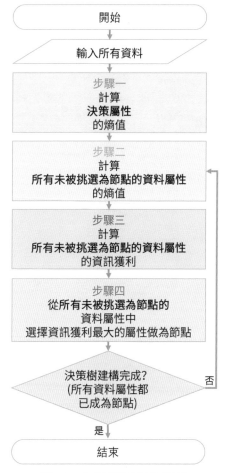

圖4-2、決策樹演算法流程圖

　　資訊獲利越大的屬性，可以讓分類後獲得較多資訊，使其明確分類，因此這個屬性就優先被選為分類的依據。例如：假設資料集合S原來熵值為0.9，經過A屬性切割（分類）後，熵值變為0.6，那麼A屬性的資訊獲利為0.3，若是使用其他屬性分類的資訊獲利均小於A屬性，A屬性就會被選為決策樹的根節點(因為會最早被拿來作為分類依據)。依此類推類推，繼續尋找下一個能使資訊獲利最大的屬性作為內部節點，接下來介紹熵與資訊獲利的計算流程。

已知條件:
原始資料集合的熵值　　Entropy(S)=0.9　　S

Entropy(S)=0.9

資料屬性	圖示	資訊獲利
A	選擇A屬性作切割 Entropy(S_A)=Entropy($S_{A.v1}$)+Entropy($S_{A.v2}$) 　　　　　　=0.3+0.3 　　　　　　=0.6 IG(S,A)=Entropy(S)+Entropy(S_A) 　　　　=0.9-0.6 　　　　=0.3 $S_{A.v1}$　　+　　$S_{A.v2}$ Entropy($S_{A.v1}$)=0.3　　Entropy($S_{A.v1}$)=0.3	0.3
B	選擇B屬性作切割 Entropy(S_B)=Entropy($S_{B.v1}$)+Entropy($S_{B.v2}$) 　　　　　　+Entropy($S_{B.v3}$)+Entropy($S_{B.v4}$) 　　　　　　=0.2+0.2+0.2+0.2 　　　　　　=0.8 IG(S,B)=Entropy(S)+Entropy(S_B) 　　　　=0.9-0.8 　　　　=0.1 $S_{B.v1}$ + $S_{B.v2}$ + $S_{B.v3}$ + $S_{B.v4}$ Entropy($S_{B.v1}$)=0.2　Entropy($S_{B.v2}$)=0.2　Entropy($S_{B.v3}$)=0.2　Entropy($S_{B.v4}$)=0.2	0.1
C	選擇C屬性作切割 Entropy(S_B)=Entropy($S_{C.v1}$)+Entropy($S_{C.v2}$) 　　　　　　+Entropy($S_{C.v3}$) 　　　　　　=0.2+0.2+0.3 　　　　　　=0.7 IG(S,C)=Entropy(S)+Entropy(S_C) 　　　　=0.9-0.7 　　　　=0.2 $S_{C.v1}$ + $S_{C.v2}$ + $S_{C.v3}$ Entropy($S_{C.v1}$)=0.2　Entropy($S_{C.v2}$)=0.2　Entropy($S_{C.v3}$)=0.3	0.2

知識大補帖

Entropy（S）$=\sum_{i=1}^{n}-p_i*\log_2(p_i)$, 若 p_i=0 或 p_i=1，
則 Entropy=0。

ID3演算法中，所需計算的熵值公式如上，最大為1，最小為0。

演算過程參考資料：

熵是由資訊理論之父，克勞德．夏農（Claude Shannon）所提出，並以機率為例模擬資訊的改變狀態，推導出測量資訊【不確定性】的公式。所謂【不確定性】指的是發生某件事情的可能性。

舉例來說，我的果農朋友在芒果盛產季節時，每天都會送我十顆芒果（土芒果、愛文芒果兩種品種），以下為我這五天來收到的芒果禮盒，我們可利用收到的芒果品種數量，搭配熵值公式來計算，可證明熵值最大為1，最小為0。

圖示	公式計算 $Entropy(S) = \sum_{i=1}^{n} -p_i * \log_2 p_i$ $Entropy = -p_{愛文} \times \log_2 p_{愛文}$ $\qquad = -p_{土芒果} \times \log_2 p_{土芒果}$	熵值
愛文芒果10顆 土芒果0顆	$Entropy(S) = -\left(\frac{10}{10}\right) \times \log_2\left(\frac{10}{10}\right) - \left(\frac{0}{10}\right) \times \log_2\left(\frac{0}{10}\right)$ $Entropy(S) = -1 \times 0 - 0$（因 $P_{土芒果} = 0$，故直接以 0 計算） $Entropy(S) = 0$	0
愛文芒果7顆 土芒果3顆	$Entropy(S) = -\left(\frac{7}{10}\right) \times \log_2\left(\frac{7}{10}\right) - \left(\frac{3}{10}\right) \times \log_2\left(\frac{3}{10}\right)$ $Entropy(S) = -0.7 \times (-0.51) - 0.3 \times (-1.74)$ $Entropy(S) = 0.879$	0.879
愛文芒果5顆 土芒果5顆	$Entropy(S) = -\left(\frac{5}{10}\right) \times \log_2\left(\frac{5}{10}\right) - \left(\frac{5}{10}\right) \times \log_2\left(\frac{5}{10}\right)$ $Entropy(S) = -0.5 \times (-1) - 0.5 \times (-1)$ $Entropy(S) = 1$	1
愛文芒果2顆 土芒果8顆	$Entropy(S) = -\left(\frac{2}{10}\right) \times \log_2\left(\frac{2}{10}\right) - \left(\frac{8}{10}\right) \times \log_2\left(\frac{8}{10}\right)$ $Entropy(S) = -0.2 \times (-2.32) - 0.8 \times (-0.32)$ $Entropy(S) = 0.72$	0.72
愛文芒果0顆 土芒果10顆	$Entropy(S) = -\left(\frac{0}{10}\right) \times \log_2\left(\frac{0}{10}\right) - \left(\frac{10}{10}\right) \times \log_2\left(\frac{10}{10}\right)$ $Entropy(S) = 0 - 1 \times 0$（因 $P_{愛文} = 0$，故直接以 0 計算） $Entropy(S) = 0$	0

不同芒果數量的熵值分布圖如下，供參考。

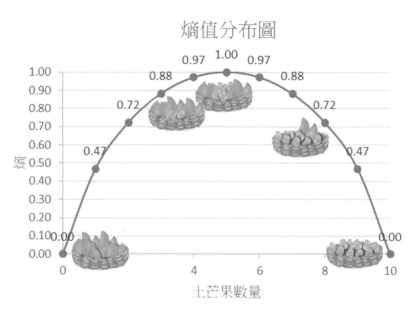

圖4-3、不同芒果數量的熵值分布圖（J G Daugman）

計算【熵】

利用ID3演算法建構決策樹，首先要計算資料集合的熵值（Entropy），公式說明如下，如果資料集合S中的某個資料屬性A有n個值，那麼計算資料集合S的熵值Entropy(S)公式為：

決策/資料 屬性集合	熵值 Entropy（S）公式
$S = S_{決策屬性}$	$$\text{Entropy}(S) = \sum_{i=1}^{n} -p_i * \log_2 (p_i)$$
$S_A = S_{資料屬性}$	$$\text{Entropy}(S_A) = \sum \frac{|S_{A.v}|}{|S_A|} \times \text{Entropy}(S_{A.v})$$ $$\text{Entropy}(S_{A.v}) = \sum_{i=1}^{n} -p_i * \log_2 (p_i)$$

符號定義	文字說明	舉例說明	
A	資料屬性	$A \in \{氣候, 溫度, 濕度, 風速\}$	
$A.v$	資料屬性A的值	$A = 氣候$　　　氣候.$v \in \{晴天, 陰天, 雨天\}$	$n = 3$
n	資料屬性A的值的個數 或 決策屬性的值的個數	$A = 溫度$　　　溫度.$v \in \{炎熱, 暖和, 涼爽\}$	$n = 3$
		$A = 濕度$　　　濕度.$v \in \{偏高, 正常\}$	$n = 2$
		$A = 風速$　　　風速.$v \in \{強, 弱\}$	$n = 2$
		決策屬性 = 打羽球　打羽球 $v \in \{打球, 不打球\}$	$n = 2$
S	決策屬性的集合	$S = \{不打球, 不打球, 打球, ..., 不打球\}$	
$|S|$	S中的資料筆數	$|S| = 14$	
S_A	資料屬性A的集合	$A = 氣候,$ $S_{氣候} = \{(晴天, 不打球), (晴天, 不打球), ..., (雨天, 不打球)\}$ $A = 氣溫,$ $S_{氣溫} = \{(炎熱, 不打球), (炎熱, 不打球), ..., (暖和, 不打球)\}$	
$S_{A.v}$	根據資料屬性A中v值 所對應的決策屬性集合	$A = 氣候,\ v = 晴天,\ S_{氣候.晴天} = \{不打球, 不打球, ..., 打球\}$ $A = 氣候,\ v = 陰天,\ S_{氣候.陰天} = \{打球, 打球, ..., 打球\}$	
$|S_{A.v}|$	$S_{A.v}$中的資料筆數	$A = 氣候,\ v = 晴天,\ |S_{氣候.晴天}| = 5$ $A = 氣候,\ v = 陰天,\ |S_{氣候.陰天}| = 4$ （隨著節點的產生，$|S_{A.v}|$數值會變動）	
p_i	在資料集合中，出現決策屬性的機率	決策屬性的機率， $S = \{不打球, 不打球, 打球, ..., 不打球\},$ $p_{打球} = \dfrac{9}{14},\ p_{不打球} = \dfrac{5}{14}$ 資料屬性的機率，$A = 氣候,\ v = 晴天,$ $S_{氣候.陰天} = \{不打球, 不打球, ..., 打球\},$ $p_{打球} = \dfrac{2}{5},\ p_{不打球} = \dfrac{3}{5}$	

步驟一、計算決策屬性

在定義好公式及各種符號說明後，現在我們開始依照決策樹ID3演算法的流程圖（圖2-11）來執行，首先步驟一，計算決策屬性的熵值。

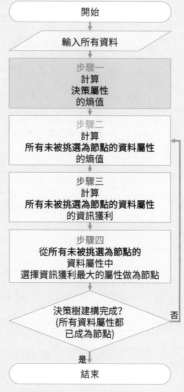

在這範例中，決策屬性為「打羽球」，所以根據公式計算決策屬性的熵值，計算如下：

$$\text{Entropy}(S_{打羽球})$$
$$=\sum_{i=1}^{n} - p_i * \log_2(p_i)$$
$$= - p_{打球} * \log_2 p_{打球} - p_{不打球} * \log_2 p_{不打球}$$
$$= -\frac{9}{14} * \log_2\frac{9}{14} - \frac{5}{14} * \log_2\frac{5}{14}$$
$$= -(-0.41) - (-0.53)$$
$$= 0.94$$

其中，n=2

$$p_1 = p_{打球} = \frac{9}{14} = 0.41$$

$$p_2 = p_{打球} = \frac{5}{14} = 0.53$$

計算得到的熵 Entropy($S_{打羽球}$)=0.94，代表整個資料集合 S 的亂度。而為了將資料做有效分類，須找一個資料屬性將整個資料集合做切割，希望切割後的各個部分都具備較小的亂度（大家的相似性高），故接下來要計算每個資料屬性的熵值，但由於每個資料屬性切割資料集合所導致熵值變小的程度不一，所以必須進一步計算資訊獲利，才能比較每一資料屬性的分類效益，選擇資訊獲利最大的資料屬性當作根節點或內部節點。

計算【資訊獲利】

資訊獲利 (IG) = 分割前的資訊集合熵值 – 分割後的資訊熵值，計算公式如下：

$$IG(S,A) = Entropy(S) - Entropy(S_A)$$

$$= Entropy(S) - \sum_{i=1}^{n} \frac{|S_{A.v}|}{|S|} \times Entropy(S_{A.v})$$

其中 $S_{A.v}$ 是 S 根據 A 屬性被切割後得到的部分資料集合，$|S_v|$ 是 S_v 中的資料筆數，同樣 $|S|$ 是 S 中的資料筆數。下面例子以氣候和溫度屬性來舉例，說明切割後的 $S_{A.v}$ 資料集合。

資料屬性分類說明	$S_{A.v}$ 舉例
利用「氣候」屬性將 S 資料集合切割為 3 類。	$A.v = 氣候. 晴天, S_{氣候晴天} = \{不打球, 不打球 …, 打球\}$ **編號 / 氣候 / 溫度 / 濕度 / 風速 / 打球** 1 晴天 炎熱 偏高 弱 不打球 2 晴天 炎熱 偏高 強 不打球 8 晴天 暖和 偏高 弱 不打球 9 晴天 涼爽 正常 弱 打球 11 晴天 暖和 正常 強 打球 $A.v = 氣候. 陰天, S_{氣候陰天} = \{打球, 打球 …, 打球\}$ **編號 / 氣候 / 溫度 / 濕度 / 風速 / 打球** 3 陰天 炎熱 偏高 弱 打球 7 陰天 涼爽 正常 強 打球 12 陰天 暖和 偏高 強 打球 13 陰天 炎熱 正常 弱 打球 $A.v = 氣候. 雨天, S_{氣候雨天} = \{打球, 打球 …, 不打球\}$ **編號 / 氣候 / 溫度 / 濕度 / 風速 / 打羽球** 4 雨天 暖和 偏高 弱 打球 5 雨天 涼爽 正常 弱 打球 6 雨天 涼爽 正常 強 不打球 10 雨天 暖和 正常 弱 打球 14 雨天 暖和 偏高 強 不打球

資料屬性分類說明	$S_{A.v}$ 舉例
利用「溫度」屬性將 S 資料集合切割為 3 類。 	$A.v = $ 溫度.炎熱, $S_{溫度.炎熱} = \left\{ 不打球, 不打球, ..., 打球 \right\}$ 	編號	氣候	溫度	濕度	風速	打球
---	---	---	---	---	---
1	晴天	炎熱	偏高	弱	不打球
2	晴天	炎熱	偏高	強	不打球
3	陰天	炎熱	偏高	弱	打球
13	陰天	炎熱	正常	弱	打球 | $A.v = $ 溫度.暖和, $S_{溫度.暖和} = \left\{ 打球, 不打球, ..., 不打球 \right\}$ | 編號	氣候	溫度	濕度	風速	打球
---	---	---	---	---	---
4	雨天	暖和	偏高	弱	打球
8	晴天	暖和	偏高	弱	不打球
10	雨天	暖和	正常	弱	打球
11	晴天	暖和	正常	強	打球
12	陰天	暖和	偏高	強	打球
14	雨天	暖和	偏高	強	不打球 | $A.v = $ 溫度.涼爽, $S_{溫度.涼爽} = \left\{ 打球, 不打球, ..., 打球 \right\}$ | 編號	氣候	溫度	濕度	風速	打球
---	---	---	---	---	---
5	雨天	涼爽	正常	弱	打球
6	雨天	涼爽	正常	強	不打球
7	陰天	涼爽	正常	強	打球
9	晴天	涼爽	正常	弱	打球	

　　將 S 切割成這 n 份資料集合，計算 n 份資料集合的加權熵值後加總，再與未切割前的 S 資料集合熵值相減，呈現的數值就是資訊獲利。資訊獲利是挑選節點的衡量標準，A 屬性的資訊獲利數值越大，資訊亂度越小（分得好），越適合當作節點。

步驟二、計算所有未被挑選為節點的資料屬性的熵值

計算好決策屬性的熵值後，利用資料獲利值做為挑選節點的參考準則，進而找出最適合當節點的資料屬性。

我們以「氣候」屬性為例，說明計算熵值的過程。

「氣候」屬性有3個值，分別為晴天、陰天及雨天，依據「氣候」屬性將 S 資料集合切割成 $S_{氣候 \cdot 晴天}$、$S_{氣候 \cdot 陰天}$、$S_{氣候 \cdot 雨天}$ 共3個資料子集合，個別熵值計算如下。

步驟二 (A) $S_{氣候 \cdot 晴天}$ 熵值計算

編號	氣候	溫度	濕度	風速	打羽球
1	晴天	炎熱	偏高	弱	不打球
2	晴天	炎熱	偏高	強	不打球
8	晴天	暖和	偏高	弱	不打球
9	晴天	涼爽	正常	弱	打球
11	晴天	暖和	正常	強	打球

氣候	打羽球	個數	總和
晴天	不打球	3	5
	打球	2	

表4-1、$S_{氣候 \cdot 晴天}$ 資料集合及其打球與不打球的個數統計

$$\text{Entropy}\left(S_{氣候 \cdot 晴天}\right) = -p_{打球} * \log_2 p_{打球} - p_{不打球} * \log_2 p_{不打球}$$

$$= -\left(\frac{2}{5}\right) * \log_2 \frac{2}{5} - \left(\frac{3}{5}\right) * \log_2 \frac{3}{5}$$

步驟二 (B) $S_{氣候.陰天}$ 熵值計算

編號	氣候	溫度	濕度	風速	打羽球
3	陰天	炎熱	偏高	弱	打球
7	陰天	涼爽	正常	強	打球
12	陰天	暖和	偏高	強	打球
13	陰天	炎熱	正常	弱	打球

氣候	打羽球	個數	總和
陰天	不打球	0	4
	打球	4	

表4-2、$S_{氣候.陰天}$資料集合及其打球與不打球的個數統計

$$\text{Entropy}\left(S_{氣候.陰天}\right) = -p_{打球} * \log_2 p_{打球} - p_{不打球} * \log_2 p_{不打球}$$

$$= -\left(\frac{4}{4}\right) * \log_2 \frac{4}{4} - 0$$

$$= 0$$

步驟二 (C) $S_{氣候.雨天}$ 熵值計算

編號	氣候	溫度	濕度	風速	打羽球
4	雨天	暖和	偏高	弱	打球
5	雨天	涼爽	正常	弱	打球
6	雨天	涼爽	正常	強	不打球
10	雨天	暖和	正常	弱	打球
14	雨天	暖和	偏高	強	不打球

氣候	打羽球	個數	總和
雨天	不打球	2	5
	打球	3	

表4-3、$S_{氣候.雨天}$資料集合及其打球與不打球的個數統計

$$\text{Entropy}\left(S_{氣候.雨天}\right) = -p_{打球} * \log_2 p_{打球} - p_{不打球} * \log_2 p_{不打球}$$

$$= -\left(\frac{3}{5}\right) * \log_2 \frac{3}{5} - \left(\frac{2}{5}\right) * \log_2 \frac{2}{5}$$

$$= 0.971$$

將3個資料子集合的熵值（Entropy($S_{溫度.炎熱}$)、Entropy($S_{溫度.暖和}$)、Entropy($S_{溫度.涼爽}$)）進行加權計算，得到在氣候屬性已被挑選的$S_{氣候.晴天}$資料集合下，所切割的「溫度」熵值。

$$
\begin{aligned}
\text{Entropy}\left(S_{氣候}\right) &= \sum \frac{|S_v|}{|S|} \times \text{Entropy}(S_v) \\
&= \frac{\left|S_{氣候.晴天}\right|}{|S|} \times \text{Entropy}\left(S_{氣候.晴天}\right) + \frac{\left|S_{氣候.陰天}\right|}{|S|} \times \text{Entropy}\left(S_{氣候.陰天}\right) \\
&\quad + \frac{\left|S_{氣候.雨天}\right|}{|S|} \times \text{Entropy}\left(S_{氣候.雨天}\right) \\
&= \left(\frac{5}{14}\right) \times 0.971 + \left(\frac{5}{14}\right) \times 0 + \left(\frac{4}{14}\right) \times 0.971 \\
&= 0.693536139
\end{aligned}
$$

依上述計算方式，可分別算出氣候、溫度、濕度、風速等資料屬性熵值，如下表所列。

	氣候	溫度	濕度	風速
熵	0.693536	0.911063	0.78845	0.892159

步驟三、計算所有未被挑選為節點的資料屬性的資訊獲利

開始

輸入所有資料

步驟一
計算
決策屬性
的熵值

步驟二
計算
所有未被挑選為節點的資料屬性
的熵值

步驟三
計算
所有未被挑選為節點的資料屬性
的資訊獲利

步驟四
從所有未被挑選為節點的
資料屬性中
選擇資訊獲利最大的屬性做為節點

決策樹建構完成?
(所有資料屬性都
已成為節點)

否

是

結束

計算所有未被挑選為節點的資料屬性熵值後,即可計算其資訊獲利。以下以「氣候」屬性為例,說明計算資訊獲利的過程。

資訊獲利(IG) = 分割前的資訊集合熵值 – 分割後的資訊熵值,計算公式如下:

$$IG\left(S_{氣候}\right) = Entropy(S) - Entropy\left(S_{氣候}\right)$$

$$= 0.94 - 0.693$$

$$= 0.247$$

原始資料集合的熵值 Entropy(S)=0.94,依上述計算方式,可分別算出氣候、溫度、濕度、風速等資料屬性的資訊獲利值,如下表所列。(學習活動中列有風速資料屬性的熵值與資訊獲利的練習題,請試著做做看。)

已知條件:原始資料集合的熵值 Entropy(S)=0.94

	氣候	溫度	濕度	風速
熵	0.693536	0.911063	0.78845	0.892159
資訊獲利	**0.246464**	0.028937	0.15155	0.047841

步驟四、選擇資訊獲利最大的屬性作為節點

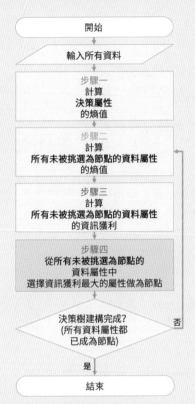

首先，我們選擇資訊獲利值最大的屬性「氣候」做為決策樹的根節點，如下圖。

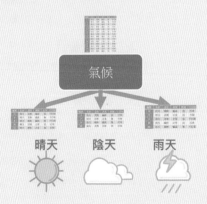

步驟五、判斷決策樹是否建構完成

建置決策樹步驟只要符合下列條件之一就表示完成:

1. 每個葉節點的資料集合中,其決策屬性都屬於同一類別。
2. 沒有「未被挑選的資料屬性」可以用來進一步切割資料集合。

因此當步驟四完成,可根據所切割後的資料集合進行葉節點的判斷,若切割後的資料集合其決策屬性皆屬於同一類別,則此切割後的資料集合即長出葉節點;否則需要對此資料集合重複進行步驟二到四的計算,直到滿足決策樹建置條件才停止。

在前面步驟四過程中,已選擇「氣候」屬性作為節點切割,我們根據切割後的資料集合熵值,判斷是否可產生葉節點。

熵值	葉節點產生與否
$\text{Entropy}\left(S_{氣候.晴天}\right) = 0.971$	熵值高,資料亂度高,且尚有「未被挑選的資料屬性」可以用來進一步切割資料集合,故不產生葉節點,此切割後的資料集合 $S_{氣候.晴天}$ 需重複進行步驟二到四的計算。
$\text{Entropy}\left(S_{氣候.陰天}\right) = 0$	熵值為 0,資料一致,可長出葉節點。
$\text{Entropy}\left(S_{氣候.雨天}\right) = 0.971$	熵值高,資料亂度高,且尚有「未被挑選的資料屬性」可以用來進一步切割資料集合,故不產生葉節點,此切割後的資料集合 $S_{氣候.雨天}$ 需重複進行步驟二到四的計算。

完成分支「陰天」的打球葉節點，如下圖，其他兩個資料集合（S$_{氣候.晴天}$、S$_{氣候.雨天}$需重複進行步驟二到四的切割動作。

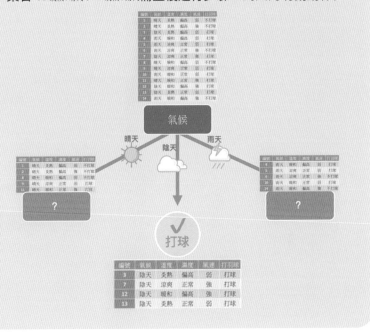

重複執行步驟二、計算所有未被挑選為節點的資料屬性的熵值

接下來計算$S_{氣候.晴天}$資料集合的各屬性熵值和資訊獲利，決定哪個資料屬性可作為$S_{氣候.晴天}$資料集合(左邊)的內部節點。

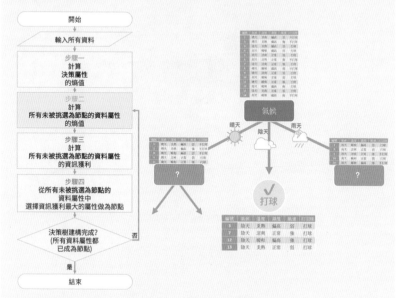

我們以「溫度」屬性為例，說明計算熵值的過程。

「溫度」屬性有3個值，分別為炎熱、暖和及涼爽，依據「溫度」屬性將$S_{氣候.晴天}$資料集合切割成$S_{溫度.炎熱}$、$S_{溫度.暖和}$、$S_{溫度.涼爽}$，共3個資料子集合，分別計算熵值如下。

步驟二 (A) $S_{溫度.炎熱}$熵值計算

編號	氣候	溫度	濕度	風速	打羽球
1	晴天	炎熱	偏高	弱	不打球
2	晴天	炎熱	偏高	強	不打球

溫度	打羽球	個數	總和
炎熱	不打球	2	2
	打球	0	

表4-4、$S_{溫度.炎熱}$資料集合及其打球與不打球的個數統計

$$\text{Entropy}\left(S_{溫度.炎熱}\right) = -p_{打球} * \log_2 p_{打球} - p_{不打球} * \log_2 p_{不打球}$$

$$= -\left(\frac{0}{2}\right) * \log_2\left(\frac{0}{2}\right) - \left(\frac{2}{2}\right) * \log_2\frac{2}{2}$$

$$= 0$$

步驟二 (B) $S_{溫度.暖和}$ 熵值計算

編號	氣候	溫度	濕度	風速	打羽球
8	晴天	暖和	偏高	弱	不打球
11	晴天	暖和	正常	強	打球

溫度	打羽球	個數	總和
暖和	不打球	1	2
	打球	1	

表4-5、$S_{溫度.暖和}$ 資料集合及其打球與不打球的個數統計

$$\text{Entropy}\left(S_{溫度.暖和}\right) = -p_{打球} * \log_2 p_{打球} - p_{不打球} * \log_2 p_{不打球}$$
$$= -(\frac{1}{2}) * \log_2(\frac{1}{2}) - (\frac{1}{2}) * \log_2(\frac{1}{2})$$
$$= 1$$

步驟二 (C) $S_{溫度.涼爽}$ 熵值計算

編號	氣候	溫度	濕度	風速	打羽球
9	晴天	涼爽	正常	弱	打球

氣候	打羽球	個數	總和
晴天	不打球	0	0
	打球	1	

表4-6、$S_{溫度.涼爽}$ 資料集合及其打球與不打球的個數統計

$$\text{Entropy}\left(S_{溫度.涼爽}\right) = -p_{打球} * \log_2 p_{打球} - p_{不打球} * \log_2 p_{不打球}$$
$$= -(\frac{1}{1}) * \log_2\frac{1}{1} - (\frac{0}{1}) * \log_2(\frac{0}{1})$$
$$= 0$$

將3個資料子集合的熵值Entropy($S_{溫度.炎熱}$)、Entropy($S_{溫度.暖和}$)、Entropy($S_{溫度.涼爽}$)進行加權計算，得到在氣候屬性已被挑選的$S_{氣候.晴天}$資料集合下，所切割的「溫度」熵值。

$$\text{Entropy}\left(S_{\text{溫度}}\right) = \sum \frac{|S_{A.v}|}{|S|} \times \text{Entropy}(S_{A.v})$$

$$= \frac{\left|S_{\text{溫度.炎熱}}\right|}{\left|S_{\text{氣候.晴天}}\right|} \times \text{Entropy}\left(S_{\text{溫度.炎熱}}\right) + \frac{\left|S_{\text{溫度.暖和}}\right|}{\left|S_{\text{氣候.晴天}}\right|} \times \text{Entropy}\left(S_{\text{溫度.暖和}}\right)$$

$$+ \frac{\left|S_{\text{溫度.涼爽}}\right|}{\left|S_{\text{氣候.晴天}}\right|} \times \text{Entropy}\left(S_{\text{溫度.涼爽}}\right)$$

$$= \left(\frac{2}{5}\right) \times 0 + \left(\frac{2}{5}\right) \times 1 + \left(\frac{1}{5}\right) \times 0$$

$$= 0.4$$

依上述計算方式，可分別計算在氣候屬性已被挑選的 $S_{\text{氣候.晴天}}$ 資料集合下，各資料屬性（溫度、濕度、風速）的熵值，如下表所列。

	氣候	溫度	濕度	風速
熵	已取為根節點	0.4	0.001	0.952

重複執行步驟三、計算所有未被挑選為節點的資料屬性的資訊獲利

計算所有未被挑選為節點的資料屬性熵值後，即可計算其資訊獲利。以下以「溫度」屬性為例，說明計算資訊獲利的過程。

資訊獲利 $\left(IG\right)$ = 分割前的資訊集合熵值 – 分割後的資訊熵值，計算公式如下：

$$IG\left(S_{氣候}\right) = Entropy\left(S_{氣候.晴天}\right) - Entropy\left(S_{溫度}\right)$$

$$= 0.971 - 0.4$$

$$= 0.571$$

在步驟二.(A)中，已計算出 $S_{氣候.晴天}$ 資料集合的熵值 Entropy($S_{氣候.晴天}$)=0.971，依上述計算方式，可分別算出各資料屬性（溫度、濕度、風速）的資訊獲利，如下表所列。

已知條件： $S_{氣候.晴天}$				
資料集合的熵值 Entrophy($S_{氣候.晴天}$)=0.971				
	氣候	溫度	濕度	風速
熵	已取為根節點	0.4	0.001	0.952
資訊獲利		0.571	0.97	0.019

重複執行步驟四、選擇資訊獲利最大的屬性作為節點

比較三者資訊獲利值，濕度>溫度>風速，故我們選擇資訊獲利最大的屬性「濕度」做為決策樹 $S_{氣候.晴天}$ 資料集合的節點，如下圖。

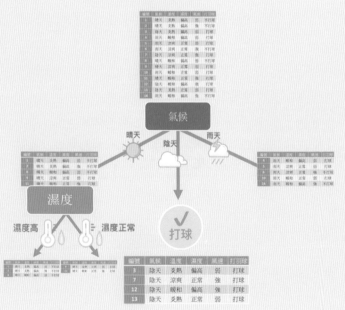

重複執行步驟五、判斷決策樹是否建構完成

根據所切割後的資料集合進行葉節點的判斷，若切割後的資料集合其決策屬性皆屬於同一類別，則此切割後的資料集合即長出葉節點；否則需要對此資料集合重複進行步驟二到四的計算，直到滿足決策樹建置條件才停止。

在前面步驟四過程中，已選擇「濕度」屬性作為節點切割，我們根據切割後的資料集合熵值，判斷是否可產生葉節點。

開始

輸入所有資料

步驟一
計算
決策屬性
的熵值

步驟二
計算
所有未被挑選為節點的資料屬性
的熵值

步驟三
計算
所有未被挑選為節點的資料屬性
的資訊獲利

步驟四
從所有未被挑選為節點的
資料屬性中
選擇資訊獲利最大的屬性做為節點

決策樹建構完成?
(所有資料屬性都
已成為節點)　　否

是

結束

熵值	葉節點產生與否
Entropy(S 濕度.正常)=0	熵值為0，資料一致，可長出葉節點。
Entropy(S 濕度.偏高)=0	熵值為0，資料一致，可長出葉節點。

完成分支「濕度」屬性的葉節點，如下圖。另一個資料集合則重複進行步驟二到四的切割動作。

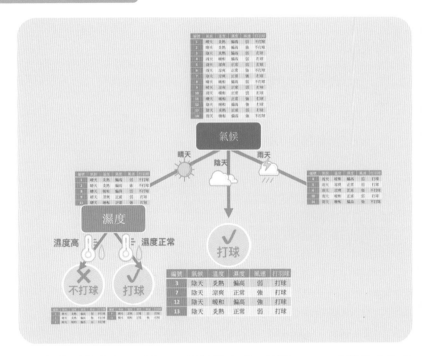

接著重複步驟二到步驟五的計算方式，計算S_{氣候.雨天}資料集合的各屬性熵與資訊獲利（如下表所示），可得到「風速」屬性為雨天分支的內部節點。

	氣候	溫度	濕度	風速
熵	已取為根節點	0.95	已取為晴天分支的內部節點	0
資訊獲利		0.02		0.97

我們根據切割後的資料集合熵值，判斷是否可產生葉節點。

熵值	葉節點產生與否
Entropy(S_{風速.強})=0	熵值為0，資料一致，可長出葉節點。
Entropy(S_{風速.弱})=0	熵值為0，資料一致，可長出葉節點。

完成分支「風速」屬性的葉節點，同時滿足每個葉節點的資料集合中，其決策屬性都屬於同一類別，故決策樹建置完畢，其圖形如下：

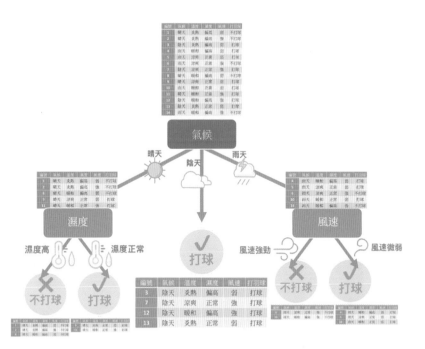

圖4-4、體育課打羽球決策樹圖形

完成分支「風速」屬性的葉節點，同時滿足每個葉節點的資料集合中，其決策屬性都屬於同一類別，故決策樹建置完畢，其圖形如下：

根據上述決策樹，上體育課打羽球的決策條件可以表示如下，

如果 **氣候＝陰天**，則上體育課 打羽球。

如果 **氣候＝晴天** 且 **濕度＝偏高**，則上體育課 **不打羽球**。

如果 **氣候＝晴天** 且 **濕度＝正常**，則上體育課 **打羽球**。

如果 **氣候＝雨天** 且 **風速＝強**，則上體育課 **不打羽球**。

如果 **氣候＝雨天** 且 **風速＝弱**，則上體育課 **打羽球**。

【學習活動】打羽球決策樹計算練習

學校想訓練電腦利用氣象資料預測今天體育課是否可以打羽球？以下是過去2個星期的氣象資料及體育課上羽球課的紀錄（資料集合S），其中「氣候」、「溫度」、「濕度」的熵值與資訊獲利已計算列出如下表（計算方式如本節所述），請計算風速的熵值與資訊獲利。

編號	氣候	溫度	濕度	風速	打羽球
1	晴天	炎熱	偏高	弱	不打球
2	晴天	炎熱	偏高	強	不打球
3	陰天	炎熱	偏高	弱	打球
4	雨天	暖和	偏高	弱	打球
5	雨天	涼爽	正常	弱	打球
6	雨天	涼爽	正常	強	不打球
7	陰天	涼爽	正常	強	打球
8	晴天	暖和	偏高	弱	不打球
9	晴天	涼爽	正常	弱	打球
10	雨天	暖和	正常	弱	打球
11	晴天	暖和	正常	強	打球
12	陰天	暖和	偏高	強	打球
13	陰天	炎熱	正常	弱	打球
14	雨天	暖和	偏高	強	不打球

表4-7、氣象資料及體育課上羽球課的紀錄（資料集合S）

已知條件：原始資料集合的熵值Entropy($S_{濕度.正常}$)＝0.94

	氣候	溫度	濕度	風速
熵	0.693536	0.91106	0.7885	?
資訊獲利	0.246464	0.02894	0.1516	?

表4-8、各資料屬性的熵與資訊獲利

$S_{風速.強}$熵值計算

$$\text{Entropy}\left(S_{風速.強}\right) = -p_{打球} * \log_2 p_{打球} - p_{不打球} * \log_2 p_{不打球}$$

$$= -(\quad) * \log_2(\quad) - (\quad) * \log_2(\quad)$$

$$= (\quad) - (\quad)$$

$$= (\quad)$$

$S_{風速.弱}$熵值計算

$$\text{Entropy}\left(S_{風速.弱}\right) = -p_{打球} * \log_2 p_{打球} - p_{不打球} * \log_2 p_{不打球}$$

$$= -(\qquad) * \log_2\left(\qquad\right) - (\qquad) * \log_2\left(\qquad\right)$$

$$= (\qquad) - (\qquad)$$

$$= (\qquad)$$

將2個資料子集合熵值進行加權計算，得到切割後的「風速」熵值。

$$\text{Entropy}\left(S_{風速}\right) = \sum \frac{|S_{A.v}|}{|S|} \times \text{Entropy}(S_{A.v})$$

$$= \frac{\left|S_{風速.強}\right|}{|S|} \times \text{Entropy}\left(S_{風速.強}\right) + \frac{\left|S_{風速.弱}\right|}{|S|} \times \text{Entropy}\left(S_{風速.弱}\right)$$

$$= (\qquad) \times (\qquad) + (\qquad) \times (\qquad)$$

$$= (\qquad) + (\qquad)$$

$$= (\qquad)$$

計算「風速」的資訊獲利

$$IG\left(S, 風速\right) = Entropy(S) - \text{Entropy}\left(S_{風速}\right)$$

$$= (\qquad) - (\qquad)$$

$$= (\qquad)$$

【學習活動】新冠肺炎決策樹計算練習

2019年底爆發的新冠肺炎，影響人類的生活甚鉅，病毒的變異及傳播速度快，造成醫療院所量能吃緊。小明醫生想利用以下的病歷資料建構出決策樹，幫助醫生從患者的症狀診斷是否罹患新冠肺炎，以利超前部署調度各地區醫療相關資源。請你參照下表回答相關問題。

編號	咳嗽	發燒	喉嚨痛	呼吸困難	頭痛	確診
1	有	沒有	有	沒有	有	是
2	沒有	沒有	沒有	沒有	有	否
3	有	有	沒有	有	沒有	是
4	有	有	有	沒有	沒有	是
5	沒有	沒有	有	沒有	有	否
6	有	有	沒有	沒有	沒有	否
7	有	沒有	沒有	沒有	沒有	否
8	有	沒有	有	有	有	是
9	有	有	沒有	沒有	沒有	否
10	沒有	有	有	沒有	沒有	否
11	沒有	沒有	有	沒有	沒有	否
12	有	有	沒有	有	沒有	是
13	有	有	有	沒有	有	是
14	有	有	有	沒有	有	是

1. 請寫出決策屬性的名稱：＿＿＿＿＿＿。

2. 請寫出所有資料屬性的名稱：

   ＿＿＿＿＿、＿＿＿＿＿、＿＿＿＿＿、＿＿＿＿＿、＿＿＿＿＿。

3. 請計算決策屬性的熵值：

$$Entropy(S) = \sum_{i=1}^{n} -p_i * \log_2 (p_i)$$

4. 請寫出資料屬性的熵值與資訊獲利：

$$Entropy(S) = \sum_{i=1}^{n} -p_i * \log_2 (p_i)$$

$$IG(S, A) = Entropy(S) - Entropy(S_A)$$

$$= Entropy(S) - \sum_{i=1}^{n} \frac{|S_{A.v}|}{|S|} \times Entropy(S_{A.v})$$

	咳嗽	發燒	喉嚨痛	呼吸困難	頭痛
熵					
資訊獲利					

(前頁各資料屬性的熵值與資訊獲利參考如下表)

	咳嗽	發燒	喉嚨痛	呼吸困難	頭痛
熵	0.629	0.939	0.939	0.925	0.939
資訊獲利	0.371	0.061	0.061	0.075	0.061

5. 請依據第四題的結果判斷，根節點為＿＿＿＿＿＿＿＿。

6. 請依據ID3演算法逐步建構出決策樹圖形，將各資料屬性的名稱填入下方決策樹圖形節點內。

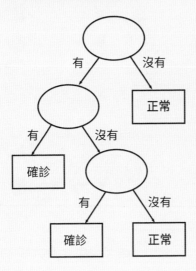

附錄二、正向傳播與反向傳播演算法詳細運算流程

承接第二章第三節深度學習內容，其深度類神經網路的運作流程圖如下，在此我們將呈現其運算過程。

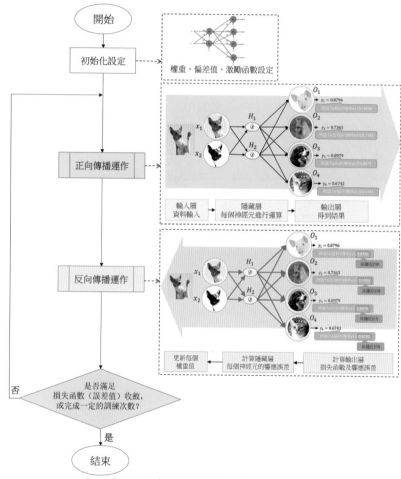

圖4-5、深度類神經網路演算法流程圖

以下以類神經網路架構(單層隱藏層)為例進行正向傳播及反向傳播的操作示範，架構如下圖，輸入層有兩個輸入值(x_1，x_2)，隱藏層包含兩個神經元H_1、H_2，輸出層包含四個神經元O_1、O_2、O_3、O_4，分別輸出四個輸出值(y_1，y_2，y_3，y_4)，而期望輸出值是(0，0，1，0)，在反向傳播進行權重修正時，預設學習率(Learning Rate)α是 0.5。

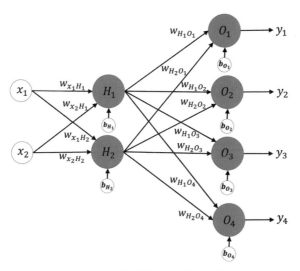

圖 4-6、單層類神經網路示意圖

步驟一、初始化設定

　　進行所有權重值、偏差值的初始設定，決定激勵函數。

　　該示例的權重值、偏差值預設如右圖，並使用 Sigmoid 函數作為激勵函數。

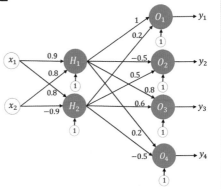

步驟二、正向傳播運作

　　將輸入層的輸入值往輸出層的方向傳遞運算，計算出所有神經元的輸出值，在輸出層得到最後的輸出數值。

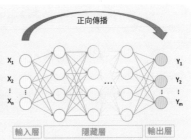

2.1 確認輸入層的輸入資料$(x_1, x_2, \dots, x_n)$。

該示例有兩個輸入值，分別為$x_1 = 0.8$、$x_2 = -0.3$。

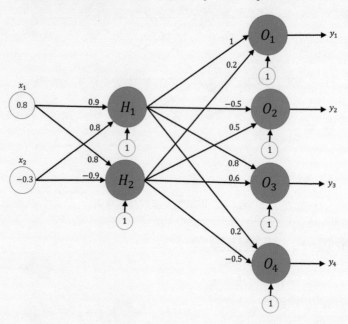

2.2 將神經元的輸入值與相對應的權重值相乘後加總，再加上偏差值，計算神經元 j 的 θ_j 值，公式為：

$$\theta_j = \sum_{i=1}^{n} x_i w_{ij} + b_j$$

$$j \in \{H_1, H_2, O_1, O_2, O_3, O_4\}$$

n：前一層與該神經元鏈結的輸入資料個數

x_i：前一層第 i 個輸入神經元j的資料值

w_{ij}：前一層第 i 個資料與神經元 j 鏈結的權重值

b_j：該神經元 j 的偏差值

該示例以神經元H_1為例，可計算出：

$$\theta_{H_1} = 0.8 \times 0.9 + (-0.3) \times 0.8 + 1 = 1.48$$

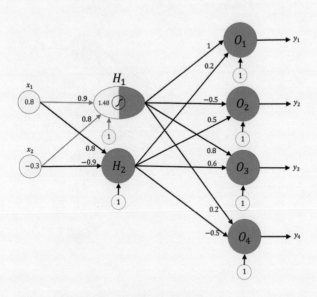

2.3 對單一神經元 j 進行激勵函數的計算得到$f(\theta_j)$，$f(\theta_j)$將做為下一層的資料輸入值。

Sigmoid 激勵函數公式：$f(\theta_j) = \dfrac{1}{1+e^{-\theta_j}}$

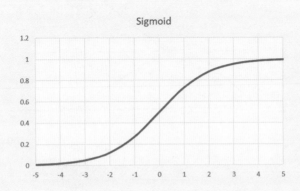

該示例以神經元 H_1 為例，在步驟2.2中得到 θ_{H_1} 為1.48，可計算得到：

$$f(\theta_{H_1}) = \frac{1}{1+e^{-1.48}} = 0.8146$$

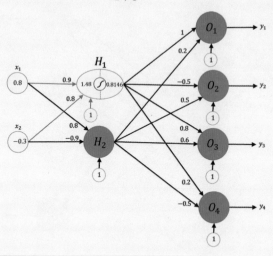

2.4 重複步驟2.2~2.3，直到所有神經元的計算完成。

$$\theta_{H_2} = 0.8 \times 0.8 + (-0.3) \times (-0.9) + 1 = 1.91$$

$$f(\theta_{H_2}) = \frac{1}{1 + e^{-1.91}} = 0.8710$$

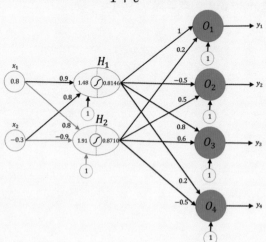

$$\theta_{O_1} = 0.8146 \times 1 + 0.8710 \times 0.2 + 1 = 1.9888$$

$$f(\theta_{O_1}) = \frac{1}{1 + e^{-1.9888}} = 0.8796$$

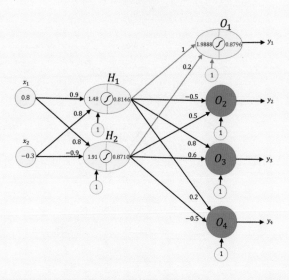

$$\theta_{O_2} = 0.8146 \times (-0.5) + 0.8710 \times 0.5 + 1 = 1.0282$$

$$f(\theta_{O_2}) = \frac{1}{1 + e^{-1.0282}} = 0.7366$$

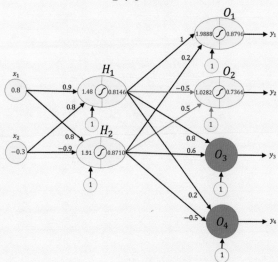

$$\theta_{O_3} = 0.8146 \times 0.8 + 0.8710 \times 0.6 + 1 = 2.1743$$

$$f(\theta_{O_3}) = \frac{1}{1 + e^{-2.1743}} = 0.8979$$

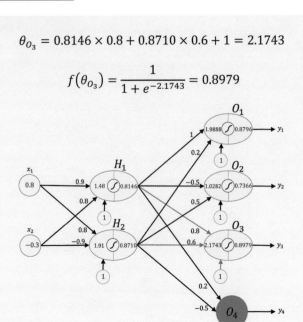

$$\theta_{O_4} = 0.8146 \times 0.2 + 0.8710 \times (-0.5) + 1 = 0.7274$$

$$f(\theta_{O_4}) = \frac{1}{1 + e^{-0.7274}} = 0.6742$$

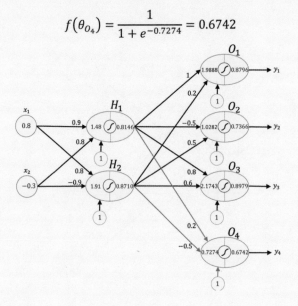

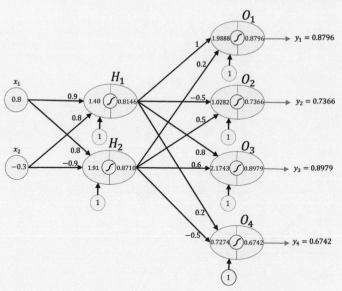

$y_1 = 0.8796$ $y_2 = 0.7366$ $y_3 = 0.8979$ $y_4 = 0.6742$

步驟三、反向傳播運作

計算出真實輸出值和期望輸出值的誤差，由輸出層往輸入層的方向進行傳遞運算出誤差的影響，進而調整更新權重數值。

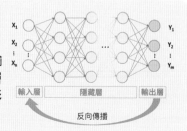

3.1 計算輸出層的損失函數(Loss Function)，並使用梯度下降法推算出輸出層中神經元 j 的響應誤差 δ_j。

損失函數公式使用均方誤差公式：

$$Loss = \frac{1}{2n}\sum_{i=1}^{n}(y_i - \hat{y}_i)^2$$

n：輸出值的個數

y_i：第 i 個真實輸出數值

$\hat{y}_i$：第 i 個期望輸出數值

219

響應誤差 δ_j 的公式如下:

$$\delta_j = (y_j - \hat{y}_j) \times f(\theta_j) \times \left(1 - f(\theta_j)\right)$$

y_j: δ_j 的真實輸出值

$\hat{y}_j$: δ_j 的期望輸出值

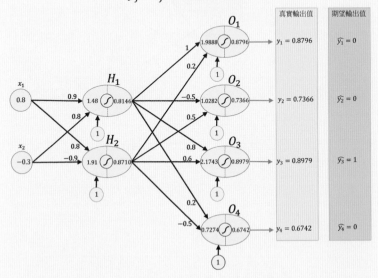

該示例的損失函數為四個輸出值的損失值總和, 其損失函數計算如下:

$$Loss = \frac{1}{2n} \sum_{i=1}^{n} (y_i - \hat{y}_i)^2$$

$$= \frac{1}{2 \times 4} ((0.8796 - 0)^2 + (0.7366 - 0)^2 + (0.8979 - 1)^2 + (0.6742 - 0)^2)$$

$$= 0.2227$$

神經元的響應誤差計算方式是對損失函數進行微分, 而以輸出層的神經元 O_1 為例, 其響應誤差只與對應的單一輸出值 y_1 相關,只需對 y_1 微分, y_2、y_3、y_4 則視為常數,因此可先將損失函數 $Loss$ 公式簡化為 $\frac{1}{2}(y_1 - \hat{y}_1)^2$,再計算神經元 O_1 的響應誤差值。

$$\delta_{O_1} = \frac{d}{dy_1}Loss$$

$$= \frac{d}{dy_1}\left(\frac{1}{2}(y_1 - \hat{y}_1)^2\right)$$

$$= \frac{1}{2} \times 2 \times (y_1 - \hat{y}_1) \times y_1{'}$$

$$= (f(\theta_{O_1}) - \hat{y}_1) \times f(\theta_{O_1})$$

$$\times \left(1 - f(\theta_{O_1})\right)$$

y_1以$f(\theta_{O_1})$代入，

$$y_1 = f(\theta_{O_1}) = \frac{1}{1 + e^{-\theta_{O_1}}}$$

$$y_1{'} = \frac{dy}{d\theta_{O_1}}f(\theta_{O_1})$$

$$= \frac{dy}{d\theta_{O_1}}\left(\frac{1}{1 + e^{-\theta_{-(O\_1)}}}\right)$$

$$= \frac{dy}{d\theta_{O_1}}(1 + e^{-\theta_{O_1}})^{-1}$$

$$= -(1 + e^{-\theta_{O_1}})^{-2} \times e^{-\theta_{O_1}} \times (-1)$$

$$= \frac{1}{1 + e^{-\theta_{O_1}}} \times \frac{e^{-\theta_{O_1}}}{1 + e^{-\theta_{O_1}}}$$

$$= \frac{1}{1 + e^{-\theta_{O_1}}} \times \left(1 - \frac{1}{1 + e^{-\theta_{O_1}}}\right)$$

$$= f(\theta_{O_1}) \times \left(1 - f(\theta_{O_1})\right)$$

因此可推導出輸出層神經元O_1的響應誤差δ_{O_1}可計算如下：

$$\delta_{O_1} = (y_1 - \hat{y}_1) \times f(\theta_{O_1}) \times \left(1 - f(\theta_{O_1})\right)$$

$$= (0.8796 - 0) \times 0.8796 \times (1 - 0.8796)$$

$$= 0.0932$$

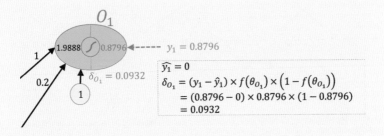

神經元O_2、O_3、O_4的響應誤差計算同神經元O_1，計算過程參考如下：

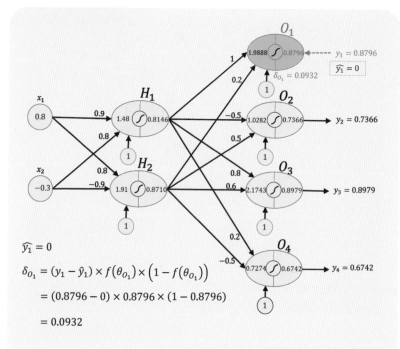

$$\widehat{y_1} = 0$$

$$\delta_{O_1} = (y_1 - \hat{y}_1) \times f(\theta_{O_1}) \times \left(1 - f(\theta_{O_1})\right)$$

$$= (0.8796 - 0) \times 0.8796 \times (1 - 0.8796)$$

$$= 0.0932$$

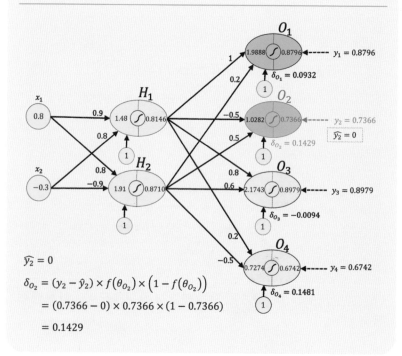

$$\widehat{y_2} = 0$$

$$\delta_{O_2} = (y_2 - \hat{y}_2) \times f(\theta_{O_2}) \times \left(1 - f(\theta_{O_2})\right)$$

$$= (0.7366 - 0) \times 0.7366 \times (1 - 0.7366)$$

$$= 0.1429$$

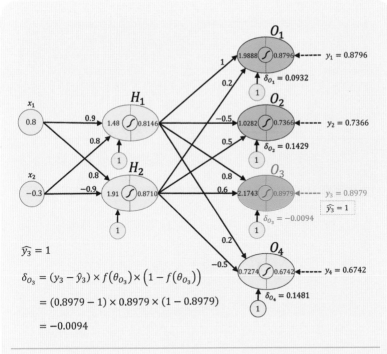

$$\widehat{y_3} = 1$$

$$\delta_{O_3} = (y_3 - \hat{y}_3) \times f(\theta_{O_3}) \times \left(1 - f(\theta_{O_3})\right)$$

$$= (0.8979 - 1) \times 0.8979 \times (1 - 0.8979)$$

$$= -0.0094$$

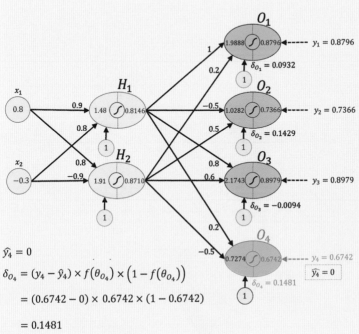

$$\widehat{y_4} = 0$$

$$\delta_{O_4} = (y_4 - \hat{y}_4) \times f(\theta_{O_4}) \times \left(1 - f(\theta_{O_4})\right)$$

$$= (0.6742 - 0) \times 0.6742 \times (1 - 0.6742)$$

$$= 0.1481$$

3.2 計算隱藏層中每一個神經元 j 的響應誤差值 δ_j^L。

算法說明:

$$\delta_j^L = (\sum_{i=1}^{n}(\delta_i^{L+1} \times w_{ji})) \times f(\theta_j) \times (1 - f(\theta_j)$$

n：　與該神經元 j 鏈結的神經元個數

δ_i^{L+1}：與該神經元 j 鏈結的第 i 個神經元的響應誤差值

隱藏層 H 層神經元 H_1、H_2 的響應誤差 δ_{H_1}、δ_{H_2} 公式分別如下:

$$\delta_{H_1}^{H層} = (\sum_{i=1}^{n}\left(\delta_i^{O層} \times w_{H_1 i}\right)) \times f(\theta_{H_1}) \times (1 - f(\theta_{H_1})$$

$$\delta_{H_2}^{H層} = (\sum_{i=1}^{n}\left(\delta_i^{O層} \times w_{H_2 i}\right)) \times f(\theta_{H_2}) \times (1 - f(\theta_{H_2})$$

神經元 H_1、　H_2 的響應誤差 δ_{H_1}、δ_{H_2} 計算過程如下:

$$\delta_{H_1}^{H層} = ((0.0932 \times 1) + (0.1429 \times (-0.5)) + ((-0.0094) \times 0.8)$$
$$+ (0.1481 \times 0.2)) \times (0.8146) \times (1 - 0.8146)$$
$$= 0.0066$$

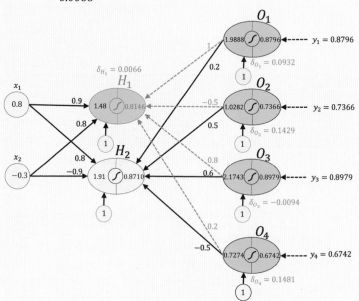

$$\delta_{H_2}^{H層} = ((0.0932 \times 0.2) + (0.1429 \times 0.5) + ((-0.0094) \times 0.6)$$
$$+ (0.1481 \times (-0.5))) \times (0.8710) \times (1 - 0.8710)$$
$$= 0.0012$$

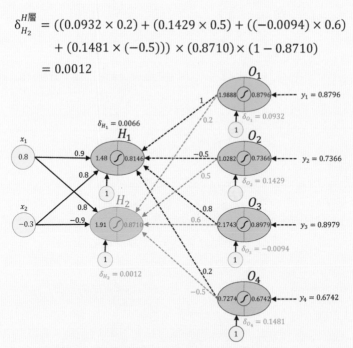

3.3 使用神經元的響應誤差及先進設定的學習率 $\alpha = 0.5$ 進行每個權重數值的更新調整。權重值調整公式如下:

$$w_{ij} = w_{ij} - \alpha \times \delta_j \times x_i$$

α：學習率

δ_j：與權重輸出的神經元響應誤差

x_i：與權重相對應的輸入值

以神經元 H_1、O_1 的鏈結權重 $w_{H_1O_1}$ 為例,

$$w_{H_1O_1} = w_{H_1O_1} - \alpha \times \delta_{O_1} \times f(\theta_{H_1})$$
$$= 1 - 0.5 \times 0.0932 \times 0.8146$$
$$= 0.9621$$

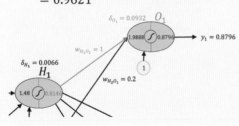

$$w_{H_1O_1} = w_{H_1O_1} - \alpha \times \delta_{O_1} \times f(\theta_{H_1})$$
$$= 1 - 0.5 \times 0.0932 \times 0.8146$$
$$= 0.9621$$

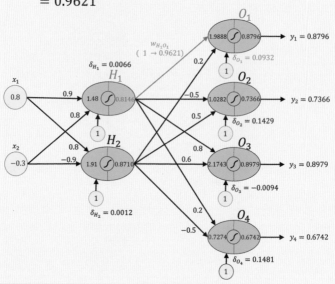

$$w_{H_2O_1} = w_{H_2O_1} - \alpha \times \delta_{O_1} \times f(\theta_{H_2})$$
$$= 0.2 - 0.5 \times 0.0932 \times 0.8710$$
$$= 0.1594$$

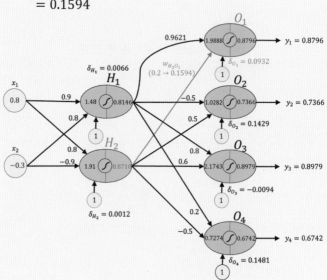

$$w_{H_1O_2} = w_{H_1O_2} - \alpha \times \delta_{O_2} \times f(\theta_{H_1})$$
$$= (-0.5) - 0.5 \times 0.1429 \times 0.8146$$
$$= -0.5582$$

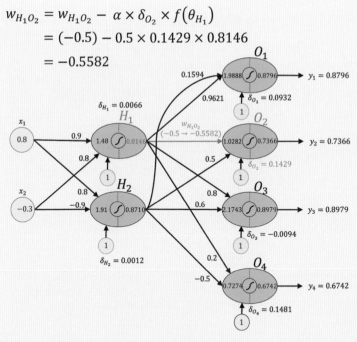

$$w_{H_2O_2} = w_{H_2O_2} - \alpha \times \delta_{O_2} \times f(\theta_{H_2})$$
$$= 0.5 - 0.5 \times 0.1429 \times 0.8710$$
$$= 0.4378$$

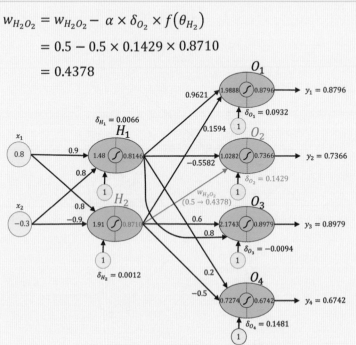

$$w_{H_1O_3} = w_{H_1O_3} - \alpha \times \delta_{O_3} \times f(\theta_{H_1})$$
$$= 0.8 - 0.5 \times (-0.0094) \times 0.8146$$
$$= 0.8038$$

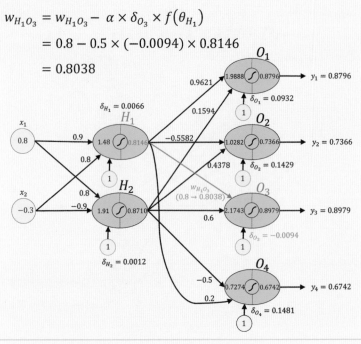

$$w_{H_2O_3} = w_{H_2O_3} - \alpha \times \delta_{O_3} \times f(\theta_{H_2})$$
$$= 0.6 - 0.5 \times (-0.0094) \times 0.8710$$
$$= 0.6041$$

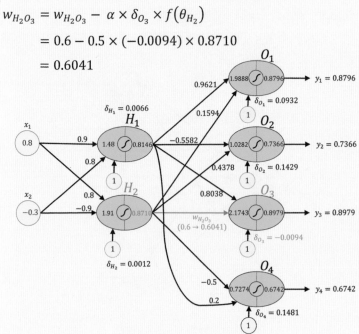

$$w_{H_1O_4} = w_{H_1O_4} - \alpha \times \delta_{O_4} \times f(\theta_{H_1})$$
$$= 0.2 - 0.5 \times 0.1481 \times 0.8146$$
$$= 0.1397$$

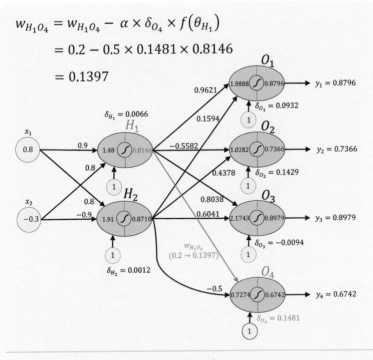

$$w_{H_2O_4} = w_{H_2O_4} - \alpha \times \delta_{O_4} \times f(\theta_{H_2})$$
$$= (-0.5) - 0.5 \times 0.1481 \times 0.8710$$
$$= -0.5645$$

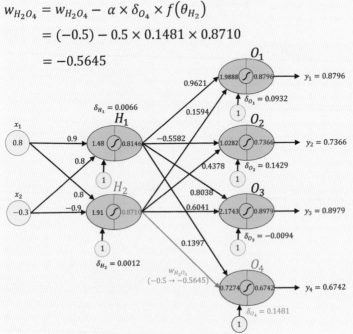

229

$$w_{x_1H_1} = w_{x_1H_1} - \alpha \times \delta_{H_1} \times x_1$$
$$= 0.9 - 0.5 \times 0.0066 \times 0.8$$
$$= 0.8974$$

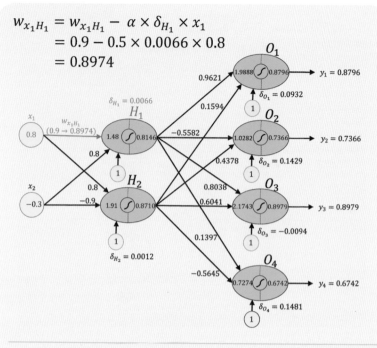

$$w_{x_2H_1} = w_{x_2H_1} - \alpha \times \delta_{H_1} \times x_2$$
$$= 0.8 - 0.5 \times 0.0066 \times (-0.3)$$
$$= 0.8010$$

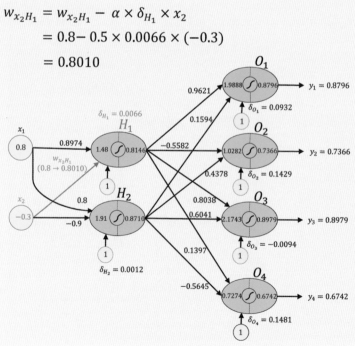

$$w_{x_1 H_2} = w_{x_1 H_2} - \alpha \times \delta_{H_2} \times x_1$$
$$= 0.8 - 0.5 \times 0.0012 \times 0.8$$
$$= 0.7995$$

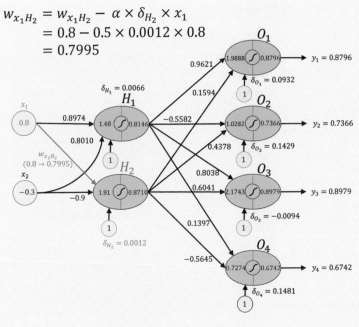

$$w_{x_2 H_2} = w_{x_2 H_2} - \alpha \times \delta_{H_2} \times x_2$$
$$= (-0.9) - 0.5 \times 0.0012 \times (-0.3)$$
$$= -0.8998$$

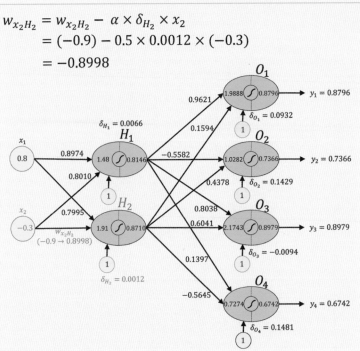

步驟四、重複步驟二、三

直到輸出層的損失函數數值收斂到夠小或完成一定的訓練次數才停止。以20次的訓練為例，以下呈現第1次、第2次、第3次、及第20次的訓練狀態。

次數	示意說明圖及損失函數計算
1	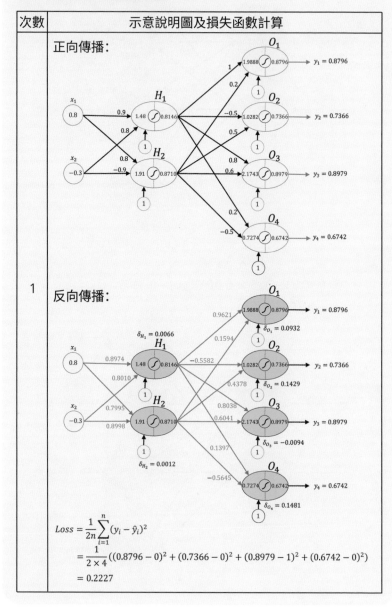

正向傳播：

反向傳播：

$$Loss = \frac{1}{2n}\sum_{i=1}^{n}(y_i - \hat{y}_i)^2$$
$$= \frac{1}{2 \times 4}((0.8796 - 0)^2 + (0.7366 - 0)^2 + (0.8979 - 1)^2 + (0.6742 - 0)^2)$$
$$= 0.2227$$

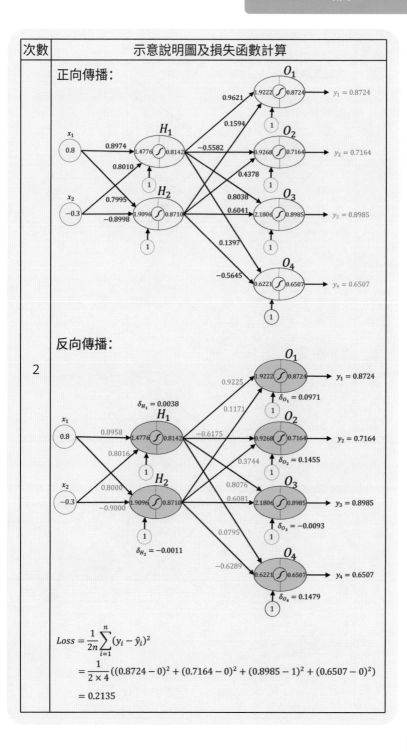

次數	示意說明圖及損失函數計算
2	正向傳播： 反向傳播： $Loss = \dfrac{1}{2n}\sum_{i=1}^{n}(y_i - \hat{y}_i)^2$ $\qquad = \dfrac{1}{2 \times 4}((0.8724 - 0)^2 + (0.7164 - 0)^2 + (0.8985 - 1)^2 + (0.6507 - 0)^2)$ $\qquad = 0.2135$

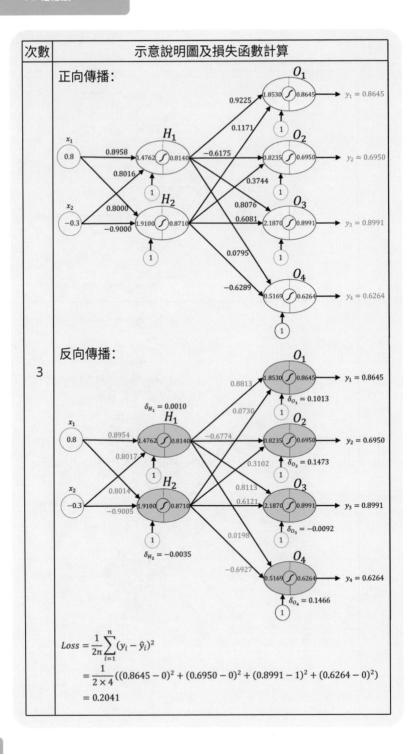

次數	示意說明圖及損失函數計算
3	

正向傳播:

反向傳播:

$$Loss = \frac{1}{2n}\sum_{i=1}^{n}(y_i - \hat{y}_i)^2$$

$$= \frac{1}{2 \times 4}((0.8645 - 0)^2 + (0.6950 - 0)^2 + (0.8991 - 1)^2 + (0.6264 - 0)^2)$$

$$= 0.2041$$

次數	示意說明圖及損失函數計算
...	中間步驟省略
20	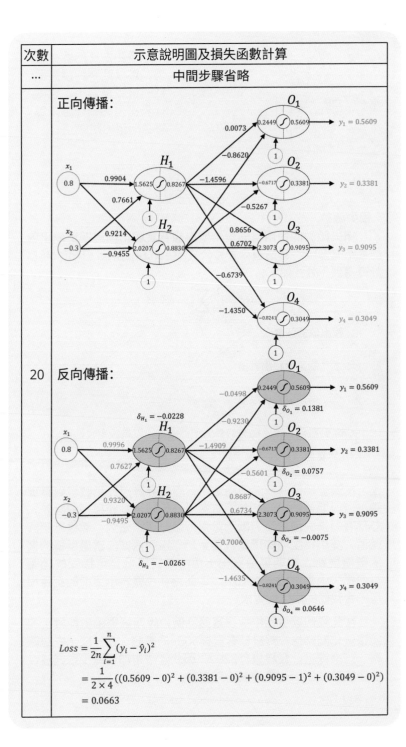

正向傳播:

反向傳播:

$$Loss = \frac{1}{2n}\sum_{i=1}^{n}(y_i - \hat{y}_i)^2$$
$$= \frac{1}{2 \times 4}((0.5609 - 0)^2 + (0.3381 - 0)^2 + (0.9095 - 1)^2 + (0.3049 - 0)^2)$$
$$= 0.0663$$

次數	損失函數數值
1	0.2227
2	0.2135
3	0.2041
4	0.1946
5	0.185
6	0.1754
7	0.166
8	0.1567
9	0.1476
10	0.1388

次數	損失函數數值
11	0.1302
12	0.1219
13	0.1139
14	0.1061
15	0.0987
16	0.0915
17	0.0846
18	0.0781
19	0.072
20	0.0663

經由左側的數據呈現，可以觀察到損失函數的值越來越小，也就代表模型的訓練越來越符合期望的狀態。

知識大補帖

1.損失函數

損失函數的使用目的是希望得知真實輸出值與期望輸出值的差距有多少，常透過均方差公式(Mean Squared Error, MSE)計算得到。公式如下：

$$Loss = \frac{1}{2n}\sum_{i=1}^{n}(y_i - \hat{y}_i)^2$$

n：輸出值的個數

y_i：第 i 個真實輸出數值

$\hat{y}_i$：第 i 個期望輸出數值

$\frac{1}{2}$：常數數值，為了微分計算方便而給定，沒有設定也是可以的，只是微分計算時會稍微複雜些。

在深度學習的反向傳播法中，經由計算損失函數得到真實輸出值與期望輸出值的差距有多少，反映出訓練模型的誤差，並藉著對損失函數及激勵函數進行微分連鎖法則，尋找響應誤差值，提供模型中的權重數值更新修正的依據。透過反覆的權重數值更新，讓期望值與輸出值的差距降低至可接受的範圍（使損失函數數值愈來愈小），此時，也就表示目前的訓練模型符合我們的期待與要求。

在此我們以生活中採買蜜餞為例，說明損失函數與權重的調整變化關聯性。假設顧客要買300g的蜜餞，在一開始先粗略拿一些來秤重，發現只有220g，因此陸續增加或減少蜜餞量，期望接近300g，以使重量誤差在3g(1%)內。

　　在這個例子中，300g的蜜餞為期望輸出值；幾次秤量的數值為真實輸出值；而中間反覆增加或減少蜜餞量的過程，則是透過損失函數所算出的誤差值來反覆調整權重；最後當重量誤差值在3g內時，則達到店家與顧客的需求（即深度學習的訓練模型完成）。

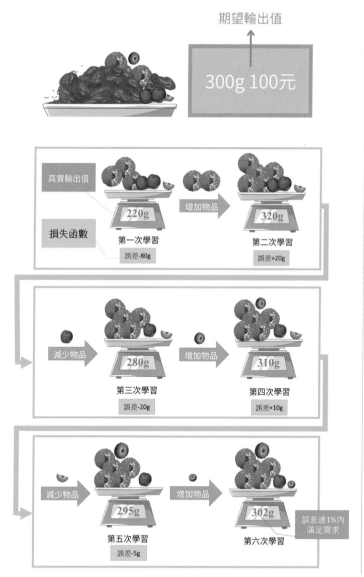

2.響應誤差

響應誤差的計算是透過梯度下降法的概念，對損失函數進行微分計算找到梯度數值，並往前(隱藏層方向)傳導給前一個神經元，一層一層的反推計算而得到每個神經元的響應誤差。

以前面的採買蜜餞舉例，我們使用湯匙挖取蜜餞(每湯匙挖取的蜜餞重量無法完全相同)。當一開始我們取用10湯匙的蜜餞，秤重為220g，發現與預期重量有落差，因此反覆使用湯匙挖取蜜餞，比300g少時，依不足的重量數設想要加入多少湯匙的蜜餞，而超過300g時，則考慮取出多少湯匙的蜜餞，最後方能使重量符合店家與顧客的需求。

在這個例子中，反覆增加或減少蜜餞的過程中，將原本秤重得到的蜜餞重量作為輸入值，反推與300g的重量落差，並根據重量落差計算要加入或取出蜜餞的湯匙數量，即是響應誤差的概念。在深度學習的訓練過程中，經由正向傳播(蜜餞秤重)與反向傳播(蜜餞重量修正)的反覆進行，最後模型訓練完成（蜜餞重量滿足需求）。

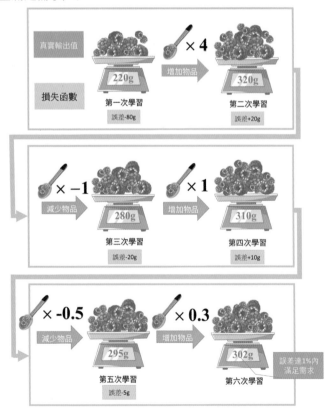

響應誤差計算注意事項：

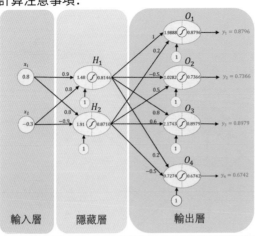

層別	響應誤差
輸入層	該層前端沒有鏈結權重，不需要計算
輸出層	該層神經元的響應誤差計算公式如下： $\left(\text{真實 output} - \text{期望 output}\right) \times \text{激勵函數的微分}$ O_1 1.9888 $\int$ 0.8796 ◄----- $y_1 = 0.8796$ 1 0.2 $\delta_{O_1} = 0.0932$ 1
隱藏層	與神經元有鏈結的後一層神經元皆要貢獻其響應誤差，響應誤差應為：後一層的神經元響應誤差值乘上與此神經元對應的權重，並加總，再乘上該神經元的激勵函數微分。 公式： $\left(\sum\left(\text{後一層響應誤差} \times \text{對應權重}\right)\right) \times \text{激勵函數的微分}$

239

層別	響應誤差

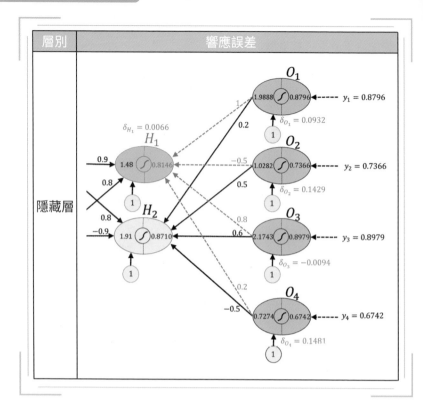

參考文獻

【維基百科-工業4.0】維基百科，工業4.0，
https://zh.wikipedia.org/wiki/%E5%B7%A5%E6%A5%AD4.0

【維基百科-第四次工業革命】維基百科，第四次工業革命，
https://zh.wikipedia.org/wiki/%E7%AC%AC%E5%9B%9B%E6%AC%A1%E5%B7%A5%E6%A5%AD%E9%9D%A9%E5%91%BD

【Google Quick, Draw!】Google，Quick, Draw! The Data，
https://quickdraw.withgoogle.com/data

【Medium 2018】Medium，2018-08-02，世界史-工業革命，
https://medium.com/%E4%B8%96%E7%95%8C%E6%AD%B7%E5%8F%B2/%E4%B8%96%E7%95%8C%E5%8F%B2-%E5%B7%A5%E6%A5%AD%E9%9D%A9%E5%91%BD-6ab1c72a1a86

【kknews 2018】kknews，2018-08-03，「歷史學習」一張圖看懂四次工業革命的發展歷程，
https://kknews.cc/zh-tw/history/xelm3ar.html

【Techapple 2017】Techapple，2017-06-08，Machine Learning 是如何辨認你的塗鴉？讓 Google 訪問學者解一下，
https://www.techapple.com/archives/10516

【中央廣播電臺2021】中央廣播電臺，2021-02-16，台灣自駕公車已成真 智慧城市生活近在眼前，
https://www.rti.org.tw/news/view/id/2090972

【CARLINK 2020】CARLINK鏈車網，2020-09-09。智駕電動巴士正式載客上路，新北淡海搶頭香。
https://autos.yahoo.com.tw/news/%E6%99%BA%E9%A7%95%E9%9B%BB%E5%8B%95%E5%B7%B4%E5%A3%AB%E6%AD%A3%E5%BC%8F%E8%BC%89%E5%AE%A2%E4%B8%8A%E8%B7%AF-%E6%96%B0%E5%8C%97%E6%B7%A1%E6%B5%B7%E6%90%B6%E9%A0%AD%E9%A6%99-034439354.html

【科技大觀園2018】科技大觀園，2018.02.14，智慧號誌自動調整紅綠燈。
https://www.youtube.com/watch?v=dLEdhNyIVLY

【vMaker 台灣自造者2019】vMaker 台灣自造者，2019.11.4.，【智慧城市專題】結合科技與人文淺談智慧城市。
https://vmaker.tw/archives/32484

【新通訊2020】新通訊，2020.11.28，IoT/通訊設備共桿整合，智慧路燈打造美好安心城市
https://www.2cm.com.tw/2cm/zh-tw/market/9D9CF0BEE3F64F40A3852A2971DC5B39

【大紀元2020】大紀元，2020.08.20，AI輔助醫療診斷 診療快速且精準
https://www.epochtimes.com/b5/20/8/20/n12345339.htm

【自由時報2016】自由時報，2016.11.28，患者福音！健保擬部分給付達文西手術
https://health.ltn.com.tw/article/breakingnews/1900542

【TechNews 2020】TechNews，2020.10.14，將精準醫療推向下一哩路，AI 手術機器人助醫師開創手術最大綜效
https://technews.tw/2020/10/14/rosa-ai-robot-surgical-robotics-machine-learning/

【口罩供需資訊平台】口罩供需資訊平台，
https://mask.pdis.nat.gov.tw/

【技安2020】技安 CHI AN，2020.03.11，史上最難！和Siri 玩成語接龍！Siri與Siri間的接龍挑戰誰又會贏？｜技安，
https://www.youtube.com/watch?v=CyiKIS6NQVg

【國民健康署2020】國民健康署，2020.09.07，「五」功秘笈學起來，防跌大師就是你！
https://www.hpa.gov.tw/Pages/Detail.aspx?nodeid=4141&pid=13090

【CNEWS匯流新聞網2018】CNEWS匯流新聞 網，2018.12.26，透過AI監測老人跌倒 美國新創公司「Cherry Labs」獲520萬美元融資
https://cnews.com.tw/005181226a04/

【CTWANT 2020】CTWANT，2020.10.02，救命智慧錶實測／獨居跌倒發通知，心跳血氧全監控。
https://www.ctwant.com/article/76180

【Live Science 2018】Live Science，2018.10.26，Creepy AI-Created Portrait Fetches $432,500 at Auction.
https://www.livescience.com/63929-ai-created-painting-sells.html

【Artnet 2020】Artnet，2020.12.4，After Selling an AI Portrait for More Than $430,000, the Obvious Collective Has a New Trick: Mashing Up Cave Art and Graffiti，
https://news.artnet.com/art-world/obvious-cave-art-graffiti-mashup-1928105

【TechApple 2017】TechApple，2017.06.08，Machine Learning 是如何辨認你的塗鴉？讓 Google 訪問學者解一下。https://www.techapple.com/archives/10516

【Google廣告說明】Google廣告說明，控制系統向您顯示的廣告，https://support.google.com/ads/answer/2662856?co=GENIE.Platform%3DAndroid&hl=zh-Hant

【TVBS NEWS 2016】TVBS NEWS，2016.11.26，超商「人臉辨識器」掃描眼球分析消費群，https://www.youtube.com/watch?v=iddlHNnrkhM

【Tesla 2019】Tesla，2019.04.23，Full Self-Driving，https://www.youtube.com/watch?v=tlThdr3O5Qo

【Waymo 2018】Waymo，2018.02.28，Waymo 360° Experience: A Fully Autonomous Driving Journey，https://www.youtube.com/watch?v=B8R148hFxPw

【REC Anything 2020】REC Anything，2020.12.15，New Amazon ZOOX is here | Fully Autonomous Taxi | Future looks great!，https://www.youtube.com/watch?v=GsSzRMdrZjg

【中天新聞2020】中天新聞，2020.10.12．驚險！阿嬤騎士突左切，砂石車閃避不及撞進工地，https://www.youtube.com/watch?v=6e15DjyPt1k&t=5s

【iThome 2019】iThome，2019.08.20，Google釋出基於AI的學習程式Socratic，https://www.ithome.com.tw/news/132504

【Manfred Kerber 2004】Manfred Kerber，2004，Expert Systems，https://www.cs.bham.ac.uk/~mmk/Teaching/AI/l2.html

【IB 2018】IB DP Information Technology in a Global Society，2018-02-10，Medical Expert Systems，https://alien397.wordpress.com/2018/02/10/medical-expert-systems/

【Classic 20Q】Classic 20Q，http://www.20q.net/

【J G Daugman】J G Daugman，Information Theory and Coding，https://www.cl.cam.ac.uk/teaching/0809/InfoTheory/InfoTheoryLectures.pdf

【科學Online 2020】科學Onlin，2020-12-13傑佛瑞．辛頓 Geoffrey Hinton（1947-），https://highscope.ch.ntu.edu.tw/wordpress/?p=84386

【Wikipedia-Activation function】Wikipedia，Activation function，https://en.wikipedia.org/wiki/Activation_function

【iT 邦幫忙2019】iT 邦幫忙，2019-09-17，沒有實作所以只好講幹話系列(一) :: 從loss到梯度下降，
https://ithelp.ithome.com.tw/articles/10216635

【Tommy Huang 2018】 Tommy Huang，2018-03-06，機器學習- 神經網路含倒傳遞詳細推導，
https://chih-sheng-huang821.medium.com/
_%E6%A9%9F%E5%99%A8%E5%AD%B8%E7%BF%92-
%E7%A5%9E%E7%B6%93%E7%B6%B2%E8%B7%AF-
%E5%A4%9A%E5%B1%A4%E6%84%9F%E7%9F%A5%E6%A9%9F-
multilayer-perceptron-mlp-
%E5%90%AB%E8%A9%B3%E7%B4%B0%E6%8E%A8%E5%B0%8E-
ee4f3d5d1b41

【Jason Hung 2019】 Jason Hung，2019-09-22，Tensorflow Playground 筆記，
https://ithelp.ithome.com.tw/articles/10218185

【卡狸2020】卡狸，2020-06-28，這可能是最詳盡的 Tensorflow Playground 講解，
https://www.gushiciku.cn/pl/pG8i/zh-tw

【芮嘉瑋2021】芮嘉瑋／工研院技術移轉與法律中心，2021-05-28，深度學習神經網路之運作，
https://udn.com/news/story/6871/5491662

【Aliaksandr Siarohin 2019】Aliaksandr Siarohin, Stéphane Lathuilière, Sergey Tulyakov, Elisa Ricci and Nicu Sebe，2019，First Order Motion Model for Image Animation，
https://aliaksandrsiarohin.github.io/first-order-model-website/

國家圖書館出版品預行編目(CIP)資料

AI輕鬆讀 / 田智婷, 侯偉富, 薛秀琳作.
-- 初版. -- 臺北市：
國立臺灣師範大學出版中心, 2023.08
面； 公分
ISBN 978-986-5624-94-1(平裝)
1.CST: 資訊教育 2.CST: 人工智慧 3.CST: 中等教育
524.375　　　　　　　　　　112011902

AI 輕鬆讀

主　　編｜朱啟華、林育慈

作　　者｜田智婷、侯偉富、薛秀琳

美　　編｜衛晃、司徒曉晴

出　　版｜國立臺灣師範大學出版中心、牛津艾印出版社

臺灣區發行人｜吳正己

地　　址｜106臺北市大安區和平東路一段162號

電　　話｜(02)7749-5229

傳　　真｜(02)2393-7135

服務信箱｜libpress@ntnu.edu.tw

初　　版｜2023年8月

售　　價｜新臺幣450元 (缺頁、破損或裝訂錯誤，請寄回更換)

I S B N ｜978-986-5624-94-1

G P N ｜1011200907